GREGOR ECKERT

Die Schlacht um jeden Preis
Mehr Preisstabilität im Verkaufsgespräch

Gregor Eckert

Die Schlacht um jeden Preis

Mehr Preisstabilität im Verkaufsgespräch

AUTOHAUS

Dieses Werk will Sie beraten, die Angaben sind nach bestem Wissen zusammengestellt, jedoch kann eine Verbindlichkeit aus ihnen nicht hergeleitet werden.   Stand: Februar 2005

Bibliografische Information der Deutschen Bibliothek
Die Deutsche Bibliothek verzeichnet diese Publikation in der Deutschen National-
biografie; detaillierte bibliografische Daten sind im Internet über http://dnb.ddb.de
abrufbar

© 2001 Auto Business Verlag, in der Springer Transport Media GmbH
Neumarkter Str. 18, 81673 München

4. Auflage 2005
www.auto-business-shop.de

Umschlaggestaltung: Vierthaler & Braun Grafikdesign, München
Layout: Uhl + Massopust, Aalen
Herstellung: Markus Tröger, Silvia Hollerbach
Lektorat: Kristine Kamm, Sarah Weiß

ISBN 978-3-89059-104-9

Inhaltsverzeichnis

Vorwort von Gregor Eckert

„Geiz ist Geil"

Wir schreiben das Jahr 2005 und die meisten Automobilverkäufer sind davon überzeugt, dass man ein fabrikneues Auto nur noch mit einem „ordentlichen" Nachlass verkaufen kann.

Viele haben resigniert in der „Schlacht um jeden Preis!"

Der heutige Kunde ist nicht mehr mit herkömmlichen Maßstäben zu messen. Er hat sich dramatisch verändert und hat deutlich mehr Selbstbewusstsein für seine Preisverhandlung bekommen. Er ist wesentlich kritischer und stellt den Automobilverkäufer vor Rabattforderungen, an denen dieser zu scheitern droht.

Seit nunmehr neun Jahren arbeitete ich gemeinsam mit meinem Geschäftspartner Alexander Verweyen und meinem Team von hoch qualifizierten Beratern/Trainern an der Aufgabe Automobilverkäufer gezielt auf diese Verhandlungssituation vorzubereiten. Und glauben Sie es uns, es zeigen sich sehr viele positive Ergebnisse – diese spornen uns jeden Tag an weiter daran zu arbeiten.

Die größte Aufgabe für uns ist es zwischenzeitlich auch die Verkäufer zu gewinnen die allen Glauben an eine Preisstabilität verloren haben. Zu häufig berichten uns Verkäufer in den Workshops und Trainings von Rahmenbedingungen die einfach keine besseren Resultate zuließen, der Hersteller drückt zu viele Fahrzeuge in den Markt, der Verkaufsleiter/Chef sieht nur die Stückzahlen, die Kollegen machen jeden Nachlass, der Wettbewerb ist so hart, und, und, und …

Meine Vertriebstätigkeit begann 1981 bei einem französischen Hersteller in Saarbrücken und keine einzige Rahmenbedingung war damals besser. Es gab noch mehr Wettbewerber (Anzahl der Händlerbetriebe), die Qualität der Fahrzeuge (und nicht nur die meines Herstellers) war teilweise erschreckend schlecht.

Was aber diese Zeit ausgezeichnet hat war die Tatsache, dass alle Verkäufer mit Freude in diesem Beruf gearbeitet haben. Der Spaß war allgegenwärtig. Wir konnten im Team und vor allem mit dem Kunden lachen. Es gab noch Kollegialität, natürlich auch schon damals durch „kleine Revierkämpfe" unterbrochen.

Der Kunde war noch nicht der Informationsflut von heute ausgesetzt und konnte relativ schnell Vertrauen zu „seinem Verkäufer" aufbauen. Gewachsene Kunde-Verkäufer-Beziehungen beweisen es noch heute.

Lassen Sie uns nun daran arbeiten wie wir die aktuelle Situation in den Griff bekommen – jetzt und heute. Das Buch versorgt Sie mit den notwendigen Strategien und bringt Ihnen hoffentlich neue Motivation.

Betrachten Sie dieses Buch als Ihre persönliche und tägliche Arbeitsunterlage. Lesen Sie das Buch nicht nur flüchtig durch, sondern legen Sie es an Ihren Arbeitsplatz, nutzen Sie Pausenzeiten um immer wieder einmal hineinzuschauen. Eignen Sie sich die Strategien, die ich Ihnen auf den nächsten Seiten vermitteln werde, Schritt für Schritt an. Probieren Sie das Gelernte täglich in der Praxis aus. Beginnen Sie die Strategien zunächst bei ein, zwei Gesprächen pro Tag umzusetzen. Gewinnen Sie Ihre Freude am Verhandeln zurück und üben Sie das neue Verhalten konsequent im Gespräch mit Ihren Kunden. Steigern Sie dann auf drei, vier Gespräche, bis Sie alle Ihre Verkaufsgespräche (auch Telefonate) nach den Strategien führen. Alles, was ich Ihnen vorschlage, ist erprobt und hat schon unzählige Ihrer Kollegen zum Erfolg geführt. Sie können alles erreichen, wenn Sie nur wollen: Verkaufserfolge, mit denen Sie nie gerechnet haben, weniger Rabatte, zufriedene Stammkunden, mehr Provision und vor allem: neuen Spaß an einem sehr attraktiven Beruf – Autoverkäufer!

Ihr Gregor Eckert

Anmerkung des Autors:

Aus Gründen der Lesbarkeit und Übersichtlichkeit habe ich in diesem Buch nur die männliche Anrede gewählt. Selbstverständlich möchte ich mit dieser Anrede auch alle weiblichen Leser, insbesondere Verkäuferinnen, ansprechen.

1 | Smart-Shopping – worauf sich die Verkäufer einstellen müssen

Die Bereitschaft zur Preisverhandlung hat gerade in den vergangenen Monaten neue Höhen erreicht. Wir leben im Zeitalter von „Geiz ist geil" und „Ich bin doch nicht blöd!".

Viele Hersteller und einige Händler versuchen krampfhaft mit immer neuen Rabattaktionen auf diesen Trend zu reagieren. Zu stark ist die Wirkung plakativer Anzeigen in der Tagespresse. Auto-Motor und Sport berichtet Ende des letzten Jahres über aktuelle Sonderverkaufs-Aktionen. Hier eine kleine Auswahl:

Alfa Romeo: Gebrauchtwageninzahlungnahme mit € 3.500,– über DAT/Schwacke

Citroen: Sondermodelle mit Preisvorteilen von bis zu € 4.000,–

Fiat: Prämien von bis zu € 2.500,–, 1,9 % Finanzierung

Opel: Sondermodelle mit Preisvorteilen von bis zu € 4.000,–. Beispiel: Corsa Enjoy mit Ausstattungen im Wert von € 2.200 sowie ein Bonus von € 1.300,– für weitere Ausstattungen, Null-Prozent-Finanzierung, GW-Inzahlungnahme oder niedrige Leasingraten; Frühbucherrabatt für Astra Caravan.

Renault: „Rackerwochen"-Aktion mit bis zu vier Prozent Rabatt pro Kind (max. 16 %)

VW: Neue Pakete für den Golf V mit Preisvorteilen bis zu € 950,– und 1,9 % usw.

Was das beim potentiellen Interessent für einen Neuwagen auslöst – Sie können es sich leicht vorstellen.

Die Schlacht um jeden Preis

Die Medien informieren Ihre Verbraucher

Eine Internetabfrage führte mich zu folgender Seite: BILD.de

11 Tipps für den Neuwagenkauf

1. Barzahlung oder Kredit? Wenn Sie Ihr Auto finanzieren möchten, sollten Sie die Lockangebote der Hersteller-Banken genau prüfen. Bei deren Krediten wird in der Regel der Listenpreis (ohne Rabatt) als Kaufpreis angesetzt. Möglicherweise sind Sie besser bedient, wenn Sie einen teureren Kredit bei Ihrer Hausbank aufnehmen und damit den Wagen bezahlen. Dann treten Sie nämlich beim Autoverkäufer als Barzahler auf und können einen höheren Rabatt herausholen.

2. Information ist alles Informieren Sie sich gut, dann haben Sie gegen den Profi-Verkäufer die besseren Karten. Nur wenn Sie genau wissen, welches Modell Sie kaufen wollen und wie es ausgestattet sein soll, können Sie mit dem Händler auf gleicher Augenhöhe verhandeln.

3. Seien Sie selbstbewusst Ein mutiges und forsches Auftreten schadet nicht: Zeigen Sie dem Verkäufer seine Grenzen auf. Er sollte erkennen, dass Sie nicht so leicht zufrieden zu stellen sind.

4. Begrenzte Begeisterung Zeigen Sie nicht zu viel Begeisterung und halten Sie sich eher zurück. Wenn der Händler merkt, dass Sie für ein bestimmtes Modell Feuer gefangen haben, hat er leichteres Spiel mit Ihnen. Denken Sie immer daran: Sie haben es mit einem Verkaufsprofi zu tun, der jede Schwäche des Kunden ausnutzt, ohne dass Sie es merken!

5. Schwächen aufzeigen Beim gewünschten Fahrzeug können Sie dagegen Nachteile und Schwächen aufzählen und diskutieren. Der Verkäufer muss nicht wissen, was Ihnen wichtig ist.

6. Pokergesicht wahren Wahren Sie Ihr Pokergesicht. Nur wenn der Verkäufer bis zuletzt um den Auftrag bangen muss, wird er Ihnen einen höheren Rabatt anbieten.

7. Konkurrenzprodukte erwähnen Erwähnen Sie Konkurrenzprodukte und nennen Sie deren Vorteile. Möglicherweise gibt der Händler dann noch ein paar Prozent mehr.

8. Nebenbedingungen verhandeln Besprechen Sie mit dem Händler die Nebenbedingungen. Überführung und Zulassung sollte er beispielsweise bezahlen.

9. Kein Mitleid Haben Sie kein Mitleid mit dem Händler. Solange er noch am Verkauf verdient, wird er Ihnen das Fahrzeug auch verkaufen, auch wenn er noch so laut jammert.

10. Preiserhöhung Fragen Sie, ob zwischen Bestellung und Auslieferung des Fahrzeugs Preiserhöhungen geplant sind. Verlangen Sie, dass Ihnen das Auto zum jetzt ausgehandelten Preis geliefert wird. Wenn der Händler die Preiserhöhung draufschlagen will, lehnen Sie ab und drohen Sie mit der Konkurrenz.

11. Inzahlungnahme Wenn Sie Ihr altes Fahrzeug in Zahlung geben wollen, erkundigen Sie sich vorher, wie viel es tatsächlich wert ist. Am besten führen Sie vorher online eine Fahrzeugbewertung von den Schwacke-Profis durch, dann wissen Sie, welchen Preis der Händler für Ihren Gebrauchtwagen zahlen sollte.

Weitere Profitipps werden dem Leser anschaulich näher gebracht:

Die „ADAC Motorwelt" brachte gleich nach dem Fall von Rabattgesetz und Zugabeverordnung in einer Druckauflage von 13.000.000 (Dreizehn Millionen!) Exemplaren die Feilsch-Strategien in die deutschen Haushalte.

Titel: **Lernen Sie Feilschen:**

„Ein ordentlicher Rabatt bei Autokauf, zwei Shirts zum Preis von einem oder der Gratis-Schnaps nach dem Essen im Lieblingsrestaurant – das alles gibt es bereits. Doch streng genommen handelte es sich nach § 2 des „Gesetz über Preisnachlässe" vom 25.11.1933 um eine Ordnungswidrigkeit. Für Zugaben oder Rabatte über drei Prozent bei Barzahlung drohten Bußgelder – rein rechtlich. Diesen alten Zopf hat der Bundestag nun endgültig abgeschnitten, um deutsche Händler gegenüber ihren europäischen Kollegen nicht zu benachteiligen. Grenzenloses Feilschen ist angesagt ...... Nicht feilschen können, ist keine Schande. Nach 70 Jahren ohne Handelskultur müssen die meisten von uns erst wieder lernen und zunächst eine psychologische Hürde nehmen – sich trauen ...... Der erste Schritt, damit Einkaufen nicht zu Stress wird, heißt gezielte Vorbereitung:

Informieren Sie sich möglichst genau über Preise, etwa in Prospekten, Inseraten, bei Bekannten oder per Internet (z. B. www.stiftung-warentest.de, guenstiger.de, autoscout24.de, mobile.de). Experten rechnen durchaus damit, dass jetzt Preise erhöht werden, um Verhandlungsspielraum zu schaffen."

Sie sehen, die Kunden können gar nicht anders, als zukünftig zu lernen, wie man härter verhandelt.

Täglich können wir mehr davon in den Zeitungen, und insbesondere in deren Beilagen lesen was aktuell an Nachlass geht. Und die Kunden lesen diese Berichte größtenteils sehr interessiert. Leider sind die meisten Leser nicht in der Lage, die Effekthascherei der Presse und Medien richtig zu deuten und auf ihren ganz persönlichen Verhandlungsstil zu übertragen. So haben wir es dann täglich mit mehr oder weniger einstudierten Rabattsituationen zu tun, in der sich der Kunde und der Verkäufer unwohl fühlen. Die unbefriedigenden Verhandlungsergebnisse zeigen es täglich.

Daher benötigt auch der Kunde zur Sicherung seiner ganz persönlichen Vorteile einen professionellen Verhandlungs-Partner (Verkäufer), der in

der Lage ist, die zum Teil unrealistischen Vorstellungen und Handlungsweisen der Kunden auf ein „normales" Niveau zu bringen und ein erfolgreiches Verkaufsgespräch ermöglicht. Zum Vorteil beider!

2 | Der neue Kunde

Fast in jedem unserer **Preis-Stabilitäts-Trainings** erleben wir dasselbe Phänomen: Wenn wir mit den einzelnen Teilnehmern das Verkaufsgespräch analysieren, das sie jeden Tag mehrfach mit interessierten Kunden führen, scheint es, als würden viele ihr erlerntes Handwerkszeug nicht besonders gut beherrschen. Obwohl viele überzeugt sind, rhetorisch brillant zu argumentieren, hat kaum einer wirksame verkäuferische Mittel parat, um sich erfolgreich gegen unverschämte und knallharte Rabattforderungen von Kunden durchzusetzen. (Ich denke hier nur an die unzureichenden Fragen in der „Bedarfsanalyse"!)

Jetzt, zu Beginn dieses Kapitels, wiederhole ich mein Versprechen, an das Sie sich während des Lesens immer wieder erinnern sollten: Wenn Sie am Ende dieses Buches angelangt sind, werden Sie nicht nur über eine wirksame Strategie verfügen, wie Sie den rigorosen Rabattforderungen Ihrer Kunden erfolgreich entgegentreten können. Sondern Sie werden in ihren künftigen Kundengesprächen eine ganze Reihe wirkungsvoller Maßnahmen anwenden, die Ihnen erstaunliche Verkaufsergebnisse bescheren. Sie lernen mit diesem Buch nicht nur **geringere Nachlässe** zu gewähren, sondern mit etwas persönlichem Engagement auch **mehr Abschlüsse** zu erzielen. Und denken Sie immer daran, der Erfolg stellt sich erst nach dem Lesen ein, bei Ihrer täglichen Umsetzung in die Praxis!

Und was für Sie und Ihre tägliche Arbeit am wichtigsten ist: Sie werden in Zukunft mit viel mehr Motivation in Ihre Rabattgespräche gehen als bisher. Wenn Sie die letzten Zeilen dieses Buches gelesen haben, werden Sie es nicht erwarten können, Ihrem nächsten Kunden zu begegnen, um Ihr neues Wissen gleich auszuprobieren. Und Sie werden Erfolg haben!

Bevor Sie jetzt weiterlesen, möchte ich Ihnen einige Fragen stellen. Auch wenn Ihnen die eine oder andere Antwort selbstverständlich erscheint, beantworten Sie bitte alle folgenden Fragen schriftlich. Nehmen Sie sich diese zehn Minuten Zeit. Zum einen haben Sie dann den Ablauf Ihrer täglichen Arbeit einmal schwarz auf weiß vor Augen. Zum anderen werden Sie, bevor Sie dieses Buch zuschlagen, gerne noch einmal zu dieser Seite zurückkehren, um die neue Einstellung, die Sie zu Ihren Kunden gewonnen haben, mit Ihrer Startsituation zu vergleichen.

Analysieren Sie Ihre tägliche Verkaufssituation:

Mit welchem Gefühl, welcher Einstellung fahren Sie morgens in Ihr Autohaus?

_____

_____

_____

Was sehen Sie, wenn Sie auf Ihren Hof/Parkplatz fahren (Ordnung/ Sauberkeit/einen einladenden Empfang)?

_____

_____

_____

Wie sieht die Ordnung auf Ihrem Schreibtisch/Arbeitsplatz aus?

_____

_____

_____

Wie glauben Sie, wirken die Verkaufsräume und Ihr Arbeitsplatz auf Ihre Kunden?

_____

_____

_____

Welche Gefühle haben Sie, wenn Sie an Ihre potenziellen/eigenen Kunden denken?

_____

_____

_____

Welchen ersten Eindruck vermitteln Sie Ihren Kunden (Kleidung, Körpersprache, Blick, …)?

_____

_____

_____

Wie schätzen Sie Ihre eigene Motivation ein?

_____

_____

_____

Wie und mit welchen Worten begrüßen Sie Ihre potenziellen/eigenen Kunden?

_____

_____

_____

Wie bauen Sie möglichst rasch eine emotionale Beziehung zu Ihren Kunden auf?

_____

_____

_____

Wie gehen Sie bei der Bedarfs-/Wunschermittlung vor?

_____

_____

_____

*Wie und mit welchen Mitteln präsentieren Sie Ihre Produkte/
Dienstleistungen?*

_____

_____

_____

*Mit welchen Strategien/Methoden versuchen Sie, zum Verkaufs-
abschluss zu kommen?*

_____

_____

_____

Wie und wo verabschieden Sie den Kunden, wenn er gekauft hat?

_____

_____

_____

Wenn er nicht gekauft hat?

_____

_____

_____

Was empfinden Sie, nachdem Sie diese Fragen beantwortet haben?

_____

_____

_____

Fast jeder erfolgreiche Verkäufer baut sein Verkaufsgespräch nach einem bestimmten Muster auf, das in seiner Grundstruktur auch meist Erfolg versprechend ist. Ich möchte Ihnen anhand der folgenden Abbildung diese Struktur noch einmal bildlich vor Augen führen. Vielleicht führen Sie ganz intuitiv jedes Ihrer Kundengespräche nach diesem Muster. In Zukunft sollte es für Sie jedoch selbstverständlich sein, dass Sie sich in jedem Augenblick Ihres Verkaufsgespräches darüber im Klaren sind, in welcher Phase Sie und damit auch Ihr Kunde sich befinden. Damit sind Sie jederzeit in der Lage, die richtige Strategie der passenden Situation im Verkaufsgespräch zuzuordnen. Sie laufen weniger Gefahr am Kunden vorbeizureden, ihn zu überfordern oder im Gegenteil, ihn zu langweilen.

Gelegentlich beobachte ich bei Verkaufsgesprächen am Point of Sale, dass Verkäufer den Aufbau des Kundengesprächs perfekt beherrschen. Warum der Abschluss dann doch scheitert, liegt häufig einzig und allein daran, dass der Mitarbeiter im Verkauf das Tempo des Kunden nicht richtig einschätzt. Vielleicht befindet sich der Kunde noch in der Phase der Vertrauensbildung, während Sie schon eifrig dabei sind, ganz konkret seinen Bedarf zu ermitteln. Oder im Gegenteil, der Kunde fühlt sich durch Ihr verbindliches „Warm-up-Geplapper" gelangweilt. Er will sofort in knallharte Verkaufsverhandlungen einsteigen.

Eilen Sie also Ihrem Kunden im Gespräch nicht ungeduldig voraus, nur um schnellstmöglich zur Abschlussphase zu gelangen, wenn Ihr Gegenüber eine langsamere Gangart wünscht. Und lassen Sie ihn umgekehrt nicht zu lange zappeln, wenn er in konkrete Verhandlungen einsteigen will. Welche unterschiedlichen Maßnahmen und Strategien Sie in den unterschiedlichen Phasen konkret wählen können, lesen Sie im praktischen Leitfaden in Kapitel 4 dieses Buches.

Wichtig ist, dass Sie immer emotional am Kunden dran bleiben. Achten Sie auf die Signale, die der Kunde aussendet. Lassen Sie Ihren „Bauch" mitverkaufen, und gehen Sie auf das Individuum Kunde ein. Jeder Käufer ist anders und jeder will ganz speziell seine Bedürfnisse erfüllt wissen. Spulen Sie auf keinen Fall ein Standardverkaufsgespräch ab. Darauf reagiert der moderne Kunde allergisch.

Betrachten Sie jetzt erst einmal die folgende Abbildung, die den klassischen Ablauf eines jeden Verkaufsgespräches versinnbildlicht:

Das „klassische" Verkaufsgespräch

Vorbereitung

Intensität der perönlichen Beziehung

Warm up	Wunsch-ermittlung	Fahrzeug-präsentation	Abschluss gemeinsame Vereinbarung
› Blickkontakt	› Fragen	› ZDF	› Vertrag
› Körpersprache	› Fragen	› Produkt	› Probefahrt
› Begrüßung	› Fragen	› Probesitzen	› Angebot
› Vorstellung	› Fragen	› Prospekt	› Termin
› Beziehungs- aufbau	› Fragen	› Motorraum	› Preisliste
	› Fragen	› Farben	› GW- Bewertung
	› Fragen	› Zubehör	
	› Fragen	› Ausstattung	
	› Fragen	› Service	
	› Fragen	› Serviceabtlg.	
	› Fragen und aktiv zuhören!		

Verabschiedung

Dauer des Verkaufsgesprächs

Nutzen Sie die so genannte Warm-up-Phase. Wenn der Kunde den Verkaufsraum betritt und auf Sie zukommt, will er in den seltensten Fällen gleich in konkrete Verhandlungen einsteigen. Nur die wenigsten Ihrer Kunden werden sofort mit einer feststehenden Bedarfsliste und einer genauen Preisvorstellung auf Sie zukommen. In der Mehrzahl der Fälle werden Sie mit Ihrem Kunden die sogenannte Warm-up-Phase durchlaufen. Das heißt, Sie versuchen, emotional auf den Kunden einzugehen und ein Vertrauensverhältnis zu ihm aufzubauen. Je nach Kunde kann diese Phase etwas länger dauern oder nur ganz kurz sein. In der Regel sollte Ihr Warm-up-Gespräch jedoch einen Zeitrahmen von 1–3 Minuten nicht überschreiten (Ausnahme: Stammkunden). Ihr Vorteil als Verkäufer liegt jetzt darin, Zeit zu finden, Ihr Gegenüber genauer einzuschätzen. Nutzen Sie diese erste Phase des Gespräches:

Haben Sie es mit einem Menschen zu tun, den Sie gut über Gefühle gewinnen können oder steht Ihnen ein kühler Analytiker gegenüber, der sich allein mit konkreten Zahlen und Statistiken überzeugen lässt? Oder müssen Sie sich auf den abenteuerlustigen Rabattjäger einstellen, für den die Lust am Feilschen den Hauptreiz des Kaufs ausmacht und der Ihnen mit allen Mitteln auch noch den letzten Rabattpunkt aus den Rippen pressen will?

Wenn Sie den **Gemütsmenschen** erkannt haben, der schwerpunkt-mäßig auf der Gefühlswelle schwimmt, dann schildern Sie ihm das Erlebnis mit dem entsprechenden Produkt in den schillerndsten Farben. Sprechen Sie in Bildern, ergießen Sie Ihr Talent als Geschichtenerzähler über den Kunden, und geben Sie ihm das nötige Maß an Sicherheit mit, das er braucht, um dem Produkt vertrauen zu können. Er wird ein dankbares Publikum für Ihre Verkaufsshow abgeben, weil er schon jetzt gemeinsam mit Ihnen erleben darf, wie es sich anfühlen wird, wenn er dieses Produkt besitzt, um das ihn „die halbe Welt beneidet".

Steht ein **knochentrockener Analytiker** vor Ihnen, dann lenken Sie das Gespräch professionell auf Zahlen und Fakten. Auch wenn Sie das Gefühl haben, Ihr Computer strahle mehr Wärme aus als Ihr derzeitiges Gegenüber, gehen Sie trotzdem auf sein Informationsbedürfnis ein. Erklären Sie ihm jedes noch so kleine Detail über das Produkt, das er von Ihnen wissen will. Immerhin haben Sie im Gespräch mit einem solchen Kunden eine Befriedigung: Sie können Ihre Kompetenz und Ihr Know-how unter Beweis stellen.

Haben Sie den **smarten Rabattjäger** entlarvt? Dann freuen Sie sich darauf, die ganze Palette Ihres verkäuferischen Könnens ausbreiten zu dürfen. Stellen Sie sich unter Umständen auf einen längeren Preisverhandlungs-marathon ein. Nehmen Sie die Herausforderung an, und rüsten Sie sich für ein abwechslungsreiches und spannendes Wortgefecht. Wenn Sie dieses Buch zu Ende gelesen haben, werden Sie bei vielen Gesprächen in Zukunft als Sieger hervorgehen.

Lassen Sie sich Zeit bei der Wunschermittlung. Für die meisten Kunden ist der Kauf z. B. eines neuen Automobils ein besonderes Erlebnis. Im Durchschnitt muss ein Privatkunde, der sich einen „Neuwagen" und damit sein Wunschauto leisten kann 38! Jahre alt werden (der Normalbürger macht heute mit ca. achtzehn Jahren den Führerschein, d. h. er fährt ca. zwanzig Jahre Gebrauchtwagen – mit allen positiven und negativen Randerscheinungen). Seien Sie sich also bewusst, dass viele Kunden, die Ihnen gegenüberstehen, eine Premiere erleben und dieses Erlebnis bis zur Neige auskosten wollen. Wenn Sie Ihnen ein ganz besonderes Einkaufserlebnis bescheren, sind Sie damit der Konkurrenz im Wettbewerb um die Gunst des Kunden schon einen Schritt voraus.

Haben Sie also das Gefühl, die Warm-up-Phase erfolgreich eingeleitet, die entsprechende Kundenpersönlichkeit erkannt und einen guten Draht zum Kunden aufgebaut zu haben, können Sie mit der ausführlichen Wunschermittlung beginnen. Machen Sie sich während dieser Phase des Verkaufsgespräches immer wieder bewusst, dass jedes Detail, jede Sonderausstattung, jedes Zubehör für die meisten Ihrer Kunden etwas ganz Besonderes ist. Hinterfragen Sie deshalb ausführlich die Produkt-Vorteile und Zusammenhänge, die Ihrem Kunden bei dem Kauf seines Produktes wichtig sind. Lassen Sie den Kunden genussvoll seinen Wunsch aussuchen, und geben Sie ihm immer das Gefühl, dass er schon bald sein ganz individuell auf ihn zugeschnittenes Produkt in Besitz nehmen kann.

Krönen Sie das Kauferlebnis mit der Präsentation der Ware. Haben Sie die oft langwierige Phase der Wunschermittlung abgeschlossen, und sind Sie davon überzeugt, dass Ihr Kunde keine zu großen Kompromisse eingehen musste, sondern wirklich von seiner Wahl überzeugt ist? Dann können Sie den dramaturgischen Höhepunkt Ihres Verkaufsgespräches ansteuern: die Präsentation des Produktes.

Jetzt kann der Kunde z. B. sein Wunschauto schon im Vorfeld in Besitz nehmen. Er erlebt in allen Einzelheiten, wie es sich anfühlt, in diesem Wagen zu sitzen. Mit einer Probefahrt erfährt er hautnah das ersehnte Fahrgefühl. Ihre Aufgabe besteht nun lediglich darin, die Gefühle des Kunden zu bestätigen oder seine Begeisterung noch zu steigern. Setzen Sie sich zum Kunden in den Wagen, oder begleiten Sie ihn auf seiner Probefahrt. Beschreiben Sie, wie die eine oder andere Sonderausstattung, die der Kunde vorher ausgewählt hat, sein positives Fahrgefühl noch steigern wird. Hinterlassen Sie bei keinem Ihrer Kunden den Eindruck, er sei einer von vielen oder Sie begleiteten irgendeinen Kunden routinemäßig auf Ihrer soundsovielten Probefahrt an diesem Tag. Versuchen Sie immer das Gefühl zu vermitteln, dass Ihr momentanes Gegenüber ein ganz besonderer Kunde ist, für den dieses außergewöhnliche Fahrzeug, in dem Sie beide sitzen, ganz persönlich gebaut wurde. In der Schmuck- und Uhrenbranche legen Sie dem Kunden den Schmuck an. Lassen Sie den Kunden das Wunschprodukt „spüren". Erzählen Sie von den positiven Erfahrungen mit gerade diesem Produkt *„Sie werden selbst feststellen, Ihre Bekannten…!"*

Bleiben Sie locker in der Abschlussphase. Sind alle Details, die die Ausstattung etc. anbelangen geklärt, beginnt für Sie als Verkäufer der eigentliche Höhepunkt der Verkaufsverhandlungen: die Abschlussphase. Vom lockeren Geplauder, über konkrete Fakten und eine ausführliche Präsentation haben Sie sich professionell zu Ihrem angestrebten Ziel und Ihrem eigentlichen Daseinszweck als Verkäufer vorgearbeitet: zu verkaufen.

Jetzt darf der Kunde Ihre Anspannung nicht spüren, er sollte eher das Gefühl haben, seine Unterschrift unter den Kaufvertrag, sein Ja zum Produkt sei Nebensache, sozusagen eine logische Folge Ihrer gemeinsamen Beschlussfassung, wie das geeignetste Produkt für ihn aussehen sollte. Und im besten Fall haben Sie jetzt beim Kunden einen derartigen Vertrauensbonus erreicht, dass er noch heute den Kauf bei Ihnen tätigt!

Wenn das alles so einfach wäre, würde ich jeden Tag die Umsatz-Schallmauer durchbrechen, sagen Sie jetzt? Ich gebe Ihnen Recht. Wir beide wissen ganz genau, dass in manchen Branchen weniger als 10 von 100 Kunden sofort abschließen. Deshalb sollten Sie auch nicht einzig und allein die Unterschrift, den sofortigen Kauf des Kunden als Abschluss werten. Das wird Sie auf Dauer nur ungemein frustrieren. Es gibt eine Reihe weiterer Signale des Kunden, die Ihnen durchaus berechtigte Chancen auf Erfolg einräumen, auch wenn der Kunde nicht sofort bei Ihnen kauft. Welche das sind, erfahren Sie in Kapitel 2.5. Und last but not least: Sie können zusätzlich noch eine Menge bei der Verabschiedung des Kunden in die Wege leiten, um die Wahrscheinlichkeit, dass er wiederkommt und bei Ihnen kauft, zu erhöhen.

2.1 | Bedingungen für eine erfolgreiche Verkaufssituation

Noch bevor Sie das erste Wort mit Ihrem potenziellen Kunden gesprochen haben, wird die Kaufmotivation des Interessenten bereits in entscheidende Bahnen gelenkt. Wenn Sie morgen zu Ihrem Arbeitsplatz fahren, nehmen Sie sich einmal Folgendes vor: Versuchen Sie, sich so gut wie möglich in die Gefühlslage eines Kunden zu versetzen, der heute einem seiner brennendsten Wünsche ein Stück näher kommen will: seinen Traum zu erfüllen. Vielleicht haben Sie sich als Kunde noch nicht fest vorgenommen gleich heute zu kaufen. Aber Ihr Kaufwunsch und Ihre Vorstellungen sind schon ziemlich konkret. Und wenn alle wichtigen Faktoren wie Produkt, Beratung, Service, Preis für Sie in Ordnung sind, könnten Sie sich sogar vorstellen, gleich heute zu unterzeichnen …

Sie biegen also – als Kunde – in gespannter Erwartung in die Straße ein, in der sich Ihr Unternehmen befindet, fahren durch die Einfahrt, suchen einen Parkplatz, gehen zum Eingang, blicken auf die ausgestellten Waren, betreten den Verkaufsraum und erblicken sich selbst als Verkäufer …

Welche Eindrücke haben Sie bis dahin als Kunde durchlebt?

Wie bequem ist die Zufahrt für Ihre Kunden?

> Wenn der Kunde auf das Firmengelände fährt, um zu parken, welche Hindernisse stellen sich ihm da in den Weg?

> Ist die Zufahrtsstraße stark befahren?

> Ist die Einfahrt eng und kurvig oder unübersichtlich?

> Muss der Kunde sich durch ein Labyrinth parkender Autos im Schritt-Tempo vorwärts manövrieren, um eventuell einen Stellplatz zu ergattern?

> Oder ist die Zufahrt unbehindert befahrbar und der Weg zu den Parkplätzen klar und übersichtlich beschildert?

> Hat der Kunde kein Problem, auf Anhieb zu erkennen, wohin er fahren muss?

> Sind genügend Parkplätze vorhanden, an denen er auch bequem ein- und aussteigen kann?

> Ist der Weg zu den Verkaufsräumen, was die Entfernung anbelangt, nicht zu weit und außerdem eindeutig erkennbar oder beschildert?

Welchen Eindruck macht Ihr Verkaufsgelände?

> Begrüßt Sie ein freundliches Ambiente, Sauberkeit und Ordnung, wenn Sie Ihren Blick umher schweifen lassen, nachdem Sie aus Ihrem Auto ausgestiegen sind?

> Oder führt der Weg zum Eingang der Verkaufsräume an unsauberen oder zugestellten Flächen vorbei?

> Ist bereits die Verbindung Parkplatz und Ausstellungsräume eine geschlossene repräsentative Einheit, die Sie als Kunden zur Besichtigung einlädt?

> Und gewinnen Sie gleich auf Anhieb das Gefühl, hier befinde ich mich an einem Ort, der Professionalität ausstrahlt?

> Oder herrscht um Sie herum eher Unübersichtlichkeit und Unordnung?

> Haben Sie als Kunde den Eindruck, dass Sie willkommen sind, oder fühlen Sie sich als unerwünschter Störfaktor?

> Strahlt der Betrieb Einheitlichkeit aus? Das heißt, bestätigt sich der (positive) Eindruck, egal wohin Sie sich wenden? Oder vermittelt zwar der eine Bereich Kompetenz und Eleganz, während Sie in der anderen Ecke Unsauberkeit und Chaos empfängt?

Was empfindet der Kunde beim Betreten des Verkaufsraums?

> Setzt sich der positive Eindruck außerhalb des Gebäudes im Inneren der Verkaufsräume fort?

> Spüren Sie eine freundliche, helle, einladende Atmosphäre, wenn Sie durch die Eingangstüre gehen?

> Atmen Sie befreit durch, weil Sie eine großzügig angeordnete Ausstellung betreten?

> Oder haben Sie das Gefühl von Dunkelheit, Stickigkeit und Enge?

> Wie empfinden Sie die Lichtquellen in den Verkaufsräumen, warm und angenehm oder grell und aufdringlich?

> Welcher Geruch empfängt Sie? Vielleicht riechen Sie diesen typischen Duft neuer Ware, wenn Ausstellungs- und Verkaufsräume eine Einheit bilden. Und Sie schnuppern diese unverwechselbare Geruchs-Mischung aus Leder, frischen Stoffen und Holz, wenn Sie ein Möbelgeschäft betreten. Oder umgibt Ihre Nase der Gestank von Tabaksqualm, Werkstattgerüchen und abgestandener Luft?

> Welchen Bodenbelag betreten Sie? Ist es blanker, fleckiger Beton oder sonst irgendein unansehnlicher Belag? Oder bewegen Sie sich auf sauberem Fliesen- oder Teppichboden?

> Wie ist die Temperatur im Verkaufsraum? Angenehm? Sind die Räume

eventuell sogar klimatisiert? Oder sind sie im Winter zu kalt und im Sommer heiß und stickig?

> Finden Sie eine einladende Sitzgruppe, in der Sie sich als Kunde niederlassen können, um Unterlagen oder Prospekte durchstöbern zu können, wenn Sie einen Augenblick auf Ihren Wunschverkäufer warten müssen?

> Gibt es eventuell sogar einen Empfangsbereich, an dem Sie bei freundlichen Mitarbeitern Ihre Wünsche äußern können und die dann unverzüglich den für Sie zuständigen Mitarbeiter herbeirufen?

> Wird Ihnen bei einer Wartezeit Kaffee oder ein anderes Getränk angeboten? Oder lässt man Sie auf dem Trockenen sitzen?

> Empfinden Sie die Atmosphäre im Verkaufsraum unangenehm still, langweilig und bedrückend oder im Gegenteil hektisch, unübersichtlich und nervtötend?

> Überfällt Sie vielleicht aber auch ein aufregendes Prickeln, wenn Sie eintreten, das bei Ihnen die Erwartung entstehen lässt, gleich etwas Neues und Aufregendes zu erleben?

> Vielleicht sehen Sie eine interessante, abwechslungsreiche und vielfältige Dekoration, eventuell sogar einige informative Technikecken, in denen Sie die neuesten Errungenschaften am Objekt betrachten oder ausprobieren können.

> Oder Sie können an einem PC-Terminal schon mal spielerisch Ihre individuelle Wunschausstattung zusammenstellen?

Der Kunde reagiert zunehmend sensibler auf optische Eindrücke, und er erwartet immer mehr Unterhaltung bei seinen Einkäufen. Der Verbraucher von heute wird überall durch eine Flut von Bildern und Animationen beeinflusst, um seine Kaufmotivation anzuregen. Eine Tatsache, die viele Hersteller erkannt haben. Sie fordern nun den Handel auf, unter anderem auch bauliche Veränderungen vorzunehmen, um den zunehmenden Ansprüchen der Kunden gerecht zu werden. Man spricht von der „Erlebniswelt Einkauf"!

Wie sehen die Arbeitsplätze der Verkäufer aus?

> Hat jeder Verkäufer seinen eigenen Arbeitsplatz oder teilen sich mehrere einen Schreibtisch?

> Sind die Arbeitstische harmonisch in die Ausstellung integriert? Oder stehen Sie nur funktional in irgendeiner Ecke.

> Welchen Eindruck haben Sie vom Design der Arbeitsplätze? Ist es abgestimmt auf die übrige Umgebung?

> Vermitteln die Möbel Klarheit, Modernität und Technikfortschritt? Oder sind es farblose Vehikel ohne Charakter?

> Herrscht auf den Schreibtischen einigermaßen Ordnung oder liegen wirr lose Blätter, Prospekte, Bewertungen, Zulassungsvollmachten und Kaufverträge herum?

> Sind sogar Aktentaschen oder sonstige private „Accessoires" der Verkäufer „dekorativ" um die Arbeitsplätze herumgruppiert und den Blicken der Kunden ausgesetzt?

> Hat der Käufer Kabelsalat und Bildschirmrückwände vor Augen?

> Befällt den Kunden das Gefühl, vor einer Barriere zu stehen, wenn er auf den Arbeitsplatz des Verkäufers zutritt?

> Oder lädt ihn die Anordnung der Möbel ein, sich zu setzen und mit dem Verkäufer ein vertrauensvolles Gespräch zu führen, eventuell über

Eck, auf keinen Fall aber so, dass der Kunde wie ein Bittsteller vor der Schreibtischfront Platz nehmen muss?

> Sind die Stühle für den Kunden bequem?

> Hat der Verkäufer an seinem Arbeitsplatz die Möglichkeit, ungestört mit seinem Kunden zu sprechen oder können andere Personen im Umfeld das Gespräch jederzeit mithören?

> Verfügt jeder Verkäufer an seinem Schreibtisch über die notwendige technische Ausstattung, alle wichtigen Daten sofort in Anwesenheit des Kunden abrufen zu können? Oder muss bei jeder Frage erst umständlich das betreffende Zahlenmaterial zusammengesucht werden?

> Ist das Prospektmaterial übersichtlich und in Griffweite angeordnet?

> Sind ausreichend Ablagemöglichkeiten vorhanden?

> Wird das Verkaufsgespräch durch ständiges Telefonklingeln gestört? Oder kann der Mitarbeiter für die Zeit des Kundengespräches seine Anrufe an eine Zentrale oder ein Sekretariat weiterleiten, bzw. werden dann keine Gespräche durchgestellt?

Der Verkäuferarbeitsplatz ist in letzter Zeit bei vielen Unternehmen immer mehr ins Rampenlicht gerückt. Viele Firmen haben Spezialisten damit beauftragt, den „idealen" Arbeitsplatz zu kreieren. Sieht man die Ergebnisse, könnte man glauben, dass jedes Unternehmen eine völlig unterschiedliche Vorstellung seiner Kunden hat. Vom offenen über den gläsernen Arbeitsplatz bis hin zum geschlossenen Separée ist alles vertreten.

In meinen Seminaren empfehle ich, neben den offenen Arbeitsplätzen zumindest einen abgeschlossenen Raum für die Verkäufer zu schaffen, damit sie die Möglichkeit haben, sich mit besonders hartnäckigen Kunden dorthin zurückzuziehen. Im Notfall tut es auch das Chefbüro, wenn dieser gerade nicht im Hause ist. Sprechen Sie diese Möglichkeit intern mit Ihrer Geschäftsleitung ab.

Wichtiger als alle Planung und Konzeption ist aber, wie Sie mit Ihrem neuen Arbeitsplatz umgehen. Wie setzen Sie ihn maximal im Kundengespräch ein? Immer wieder sehe ich, dass Verkäufer, einmal an Ihrem Schreibtisch angekommen, der Technik und Ihren Möglichkeiten verfallen. Da gibt es oftmals nur noch eine Strategie: Computer an und ran an die Konfiguration – Zahlen, Daten, Fakten ... und leider endet dieses Verkaufsgespräch nur allzu oft im Preisgespräch.

Besser: Nutzen Sie die Vorteile Ihres Arbeitsplatzes, aber achten Sie immer darauf, dass Ihr Kunde im Mittelpunkt aller Aktionen steht. Fühlt sich Ihr Kunde an Ihrem Schreibtisch wohl? Hat er das Gefühl, in aller Ruhe mit Ihnen reden zu können, auch über „Softfacts"? Betrachten Sie Ihren Arbeitsplatz von allen Seiten. Wie können Sie seine Platzierung, seine Form und Bauart optimal für das Wohlgefühl Ihres Kunden und für Ihr Verkaufsgespräch nutzen? Der Nachteil eines offenen Arbeitsplatzes besteht zum Beispiel darin, dass Sie von jedem Interessenten oder Stammkunden im Verkaufsraum gesehen und eventuell bei Ihrem vertraulichen Verkaufsgespräch gestört werden können. Bereiten Sie sich in diesem Fall auf solche Störungen vor, und entwickeln Sie eine Strategie, wie Sie am besten damit umgehen können.

Ein geschlossener Arbeitsplatz bietet Ihnen ungestörte Ruhe zur Telefonakquisition und Kundenbetreuung. Der Nachteil: Vieles von dem, was in Ihrem Haus geschieht, geht unbemerkt an Ihnen vorüber. Tendenziell ist der offene Verkäufer-Arbeitsplatz mit Rundumsicht die zeitgemäßere Lösung. Aber Achtung: Ordnung ist hier oberstes Gebot!

Tipp: *Setzen Sie sich einmal 10–20 Minuten „vor" Ihren Schreibtisch (also dahin wo gewöhnlich der Kunde sitzt) und nehmen Sie einmal das Gefühl war – möchten „Sie" als Kunde hier so lang sitzen?*

Welchen ersten Eindruck gewinnt der Kunde vom gesamten Verkaufspersonal?

> Strahlen alle Mitarbeiter am Point of Sale in Ihrer Firma auf den ersten Blick Freundlichkeit und Offenheit aus?

> Vermitteln sie Kompetenz und Professionalität?

> Gehen sie aktiv auf den Kunden zu, ohne aufdringlich zu sein, und vermitteln sie jederzeit ihre Servicebereitschaft?

> Oder stehen sie vielleicht gelangweilt und desinteressiert im Ausstellungsraum herum?

> Noch schlimmer, tragen sie eine gewisse Arroganz und Überheblichkeit zur Schau?

> Lässt sich eine passive Verteilermentalität feststellen, die davon ausgeht, dass der Kunde froh sein kann, wenn er sein Auto zu einer angemessenen Lieferfrist beziehen kann?

Die Zeiten, in denen der Markt ein solches Verkäuferverhalten noch verziehen hat, sind längst vorbei. Schneller als erwartet, hat der Verbraucher den steigenden Wettbewerbsdruck der Anbieter genutzt, um ein neues Selbstbewusstsein zu entdecken und in sein Einkaufsverhalten zu integrieren. Nicht zuletzt die Medien haben ein großes Verdienst an dieser neuen Einstellung des Kunden.

Die folgenden Auszüge aus den unterschiedlichsten Publikationen sprechen für sich.

Neuwagen: Wer handelt, bekommt Super-Rabatt

Scharfer Wettbewerb auf dem Automarkt — Testkäufer erzielen bis zu 23 Prozent Preisnachlaß

Wer jetzt ein neues Auto kaufen will, hat Grund zur Freude: Bei vielen Modellen kann der Kunde drastische Preisnachlässe bei den Händlern aushandeln.

— Von MARTIN LINDEMANN —

Neuwagenkäufer profitieren vom knallharten Wettbewerb auf dem Automobilmarkt: Um ihre Absatzziele zu erreichen, gewähren viele Händler zur Zeit satte Preisnachlässe — oft sogar mit ausdrücklicher Unterstützung der Hersteller. Das Wirtschaftsmagazin „DM" schickte jetzt Testkäufer durchs Land. Den Rabatt-Rekord von 23 Prozent erzielten gleich mehrere Tester: So erwarben sie einen Fiat Punto mit 4822 Mark Preisnachlaß und hatten sogar beim Mercedes-Händler Glück, der die A-Klasse 2660 Mark unter Listenpreis abgab. Beim Geländewagen Jeep Grand Cherokee macht der Rabatt von 23 Prozent gleich 16 940 Mark aus. Auch er-

folgreiche und neue Modelle gibt's mit entsprechendem Verhandlungsgeschick deutlich unter Listenpreis: Beim Ford Focus drückten die „DM"-Mitarbeiter den Preis um 5000 Mark (17 Prozent), beim Opel Vectra um 8150 Mark (20 Prozent), beim VW Polo um 3110 Mark (14 Prozent).

Die starken Preisnachlässe zeigen, daß das Klima auf dem Automobilmarkt rauher wird. Das Essener Marktforschungs- und Prognose-Institut „Marketing Systems" sagt für 1999 eine abflauende Konjunktur voraus, die im zweiten Halbjahr auch den deutschen Herstellern zu schaffen machen wird. Zur Zeit zehren die heimischen Unternehmen noch von dicken Auftragspolstern, die aus dem vergangenen Jahr stammen. Volkswagen hatte monatelang mit Lieferproblemen bei den Modellen Golf und Passat zu kämpfen, BMW profitiert vom Ansturm auf die neue 3er-Reihe, und auch der neue Opel Astra oder der neue Ford Focus locken mehr Käufer an, als Wagen zur Verfügung stehen. Rund 200 000 Bestellungen sind so aus dem vergangenen Jahr übriggeblieben und sorgen derzeit noch für gute Verkaufszahlen bei den deutschen Automobilbauern. Auslän-

dische Hersteller haben hingegen schon seit Monaten mit einer Absatzflaute zu kämpfen. Sie reagieren darauf mit Sondermodellen, Zusatzausstattungen ohne Preiserhöhung oder sogar mit direkten Preisnachlässen. Honda zum Beispiel hat Anfang des Jahres die Preise für einige Modelle radikal gesenkt. So kostet der Minivan „Shuttle" noch 39 880 statt 46 380 Mark (14 Prozent weniger), die Oberklasse-Limousine „Legend" ist nunmehr für 74 980 statt 89 775 Mark zu haben (16 Prozent). Die Preisabschläge auf den offiziellen Listenpreis werden „Promotions" (Absatzförderung) genannt. Citroën und Fiat zum Beispiel gewähren für Kleinwagen einen dauernden „Promotions-Nachlaß" von bis zu 15 Prozent, haben die Experten von „Marketing Systems" ermittelt.

Daß auch die deutsche Autoindustrie härtere Zeiten erwartet, macht ein aktuelles Angebot von Volkswagen deutlich. Obwohl der Konzern glänzend dasteht, gibt es für den Verkaufshit VW Golf jetzt ein Ausstattungspaket (mit Klimaanlage, Nebelscheinwerfern) zum Sonderpreis. Der Käufer spart gegenüber dem Listenpreis 1580 Mark. *(Seite 2: Kommentar)*

Saarbrücker Zeitung

Max

Elf Tipps für mehr Erfolg beim Feilschen

aus BIZZ-Capital:

Wer bei der Rabattjagd einige Regeln beachtet, macht fette Beute.

1. Suchen Sie sich eine ruhige Geschäftszeit aus. Am besten sind die Vormittagsstunden in der ersten Wochenhälfte. Um diese Zeit finden Sie leichter einen kompetenten Ansprechpartner.

2. Lassen Sie sich Zeit. Öfter reinschauen, wenn Sie den Preis beim ersten Mal nicht weit genug drücken können. Am besten immer mit einem neuen Argument.

3. Prüfen Sie das Objekt Ihrer Begierde gründlich. Mängel wie die Schramme am Silbertablett oder das gezogene Fädchen am Pullover sind immer noch wirkungsvolle Argumente beim Handeln.

4. Kaufen Sie mit Blick in die Zukunft. Vielleicht rcihten Sie sich neu ein und brauchen Sofa, Schrank und Esstisch. Dann sammeln Sie Anschaffungen und verabreden mit dem Händler einen Mengenrabatt.

5. Setzen Sie sich ein Preislimit. Je deutlicher Sie eine bestimmte Summe vor Augen haben, desto größer ist die Chance, Ihr Verhandlungsziel zu erreichen. Gleichzeitig vermeiden Sie, den Händler mit überzogenen Vorstellungen zu verärgern.

6. Zeigen Sie Kompetenz. Wenn Sie den Markt, die Preise und das Produkt kennen, geht ein Verkäufer anders mit Ihnen um. Dann überzeugt auch das Argument: „Das habe ich bei der Konkurrenz günstiger gesehen."

7. Machen Sie eine gute Figur. Ihr Outfit sollte dem Anlass und dem Ambiente entsprechen: Im Kostüm zum Juwelier, in der Latzhose zum Baumarkt – und nicht umgekehrt.

8. Schaffen Sie Vertrauen. Das funktioniert am besten, wenn Sie den Verkäufer ernst nehmen und als Partner betrachten. Wenn Sie wissen, wie er heißt, sprechen Sie ihn mit Namen an. Wichtig; Schauen Sie ihm in die Augen.

9. Wechseln Sie Ihre Strategie, wenn sie nichts bewirkt. Nehmen Sie Ihre Strategie, wenn sie nichts bewirkt. Nehmen Sie eine Auszeit zum Nachdenken. Ist es geschickter, die Fachkompetenz herauszukehren oder soll ich mich direkt an den Abteilungsleiter wenden?

10. Kaufen Sie in kleinen Läden ein. Die Kommunikationswege sind kürzer als im Warenhaus, oft ist der Chef persönlich zu sprechen. Auch wird man sich eher an Sie als Stammkunden erinnern.

11. Kaufen Sie antizyklisch: die Skiausrüstung im Sommer, das Brillantkollier währen einer Konjunkturdelle. Viele Branchen reagieren auf schwache Phasen mit Sonderangeboten, die Händler sind verhandlungsbereiter und gewähren schneller Rabatte.

Viele Verbraucher sind nicht mehr so sehr wie in der Vergangenheit auf eine bestimmte Marke fixiert und legen auch zunehmend immer weniger Wert auf die Bindung an ein bestimmtes Unternehmen. Sie reagieren empfindlicher und unversöhnlicher auf ein Fehlverhalten oder mangelnde Servicebereitschaft von Verkäufern. Da wird nicht lange gefackelt und zum Markenkollegen oder zum Wettbewerb gewechselt. Schon wenn der erste Eindruck nicht das verspricht, was der Kunde von einem freundlichen und kompetenten Mitarbeiter im Verkauf erwartet, ist auf eine positive Entwicklung des Verkaufsgespräches kaum mehr zu hoffen. Dann ist letztendlich nur noch der Preis ausschlaggebend für einen eventuellen Abschluss. Und das heißt für den betreffenden Verkäufer dann, die Hosentaschen von innen nach außen zu stülpen und Rabattzusagen bis an die Schmerzgrenze zu machen, um den Kunden bei der Stange halten zu können.

Welche Kriterien sind also – neben den auf den letzten Seiten angesprochenen äußerlichen Rahmenbedingungen – ausschlaggebend dafür, dass Ihre Kunden den bestmöglichen Eindruck von Ihnen persönlich bekommen?

Versuchen Sie wieder aus Ihrer Verkäuferrolle herauszutreten und sich und Ihre Kollegen mit den Augen des Kunden zu betrachten: Welchen ersten Eindruck müssten ein Unternehmen und die dazugehörigen Mitarbeiter bei Ihnen hinterlassen, um Sie gleich so einzustimmen, dass Sie den Preis nicht mehr als allein ausschlaggebendes Kriterium in den Vordergrund stellen würden?

Sehen Sie es einmal aus der Sicht des Kunden!

Bei wie vielen Einkäufen, die Sie selbst als „Kunde" erfahren und nicht zu den „Stammkunden" zählen, würden Sie an den Verkäufer nach dem Verkaufsgespräch die Schulnote 1 oder 2 vergeben?

Liege ich mit zwanzig Prozent schon zu hoch?

In unseren Trainings bestätigen uns die meisten Teilnehmer: Zwischen fünf und max. zehn Prozent der persönlichen Erfahrungen mit Verkäufern sind sehr gut oder gut (Schulnoten).

Bleiben wir bei dieser Einschätzung – das heißt 80 % Ihrer persönlichen Einkaufserfahrungen sind maximal mit der **Note Drei** (befriedigend) zu bewerten. Und das bedeutet, den Service, das Verkäuferverhalten hatten Sie speziell bei diesem Kauf in diesem Unternehmen auch vorausgesetzt. Ein Kauf bei Aldi löst eine andere Erwartung aus, als ein Kauf bei Feinkost Käfer in München oder ein Besuch des KaDeWe in Berlin – eben Standard – nichts Besonderes.

Note Vier: Dieses Unternehmen hat das Produkt, das Sie möchten, im Angebot. Aber sonst sind Ihnen das Geschäft und die Verkäufer egal. Häufig werden diese Gefühle beispielsweise in einem Baumarkt oder großen Elektronikmarkt frei. An der Information klärt Sie ein meist mürrischer Mitarbeiter auf in welchem Regal das Produkt liegen sollte. Dort angekommen finden Sie ein Auswahl ohne Gleichen, alles ist vorhanden – von dem Schnäppchen für einen Euro bis zur „Superduperluxusausführung" zu x-tausend Euro – alles ist da. Die Logistik, die Warenwirtschaft – ein Traum. Aber wo um Himmels willen sind die Mitarbeiter, die einem die Produkte erklären könnten? … nun entscheiden Sie sich selbständig für ein Produkt und gehen wohin? Zu Kasse! Sie haben doch schon beim Betreten des Geschäfts gesehen, dass sich dort eine Schlange gebildet hat. Für einen ausgedehnten Bummel durch die Ausstellung bleibt somit keine Zeit.

Note Fünf: Kunde: *„Guten Tag, darf ich Sie mal stören?"* Verkäufer: *„Um was geht es denn?"* Kunde: *„Haben Sie das Sakko noch in Größe 52?"* Verkäufer: *„Wenn es da nicht mehr hängt…!"* Kennen Sie diese Situation?

Lassen Sie uns die **Note Sechs** (ungenügend) ersparen.

Schon wenn der Kunde den Verkaufsraum betritt, soll er das Gefühl haben, willkommen zu sein. Gehen Sie also auf ihn zu! Er ist ein gern gesehener Gast, auf den Sie sich gefreut haben! Treten Sie ihm offen und ohne Vorbehalte gegenüber. Versuchen Sie, bei jedem Kunden erneut, Ihre bisherigen – auch negativen – Erfahrungen hinter sich zu lassen. Begegnen Sie ihm völlig unbefangen, und entdecken Sie mit Spannung, welcher Kundentyp sich im Laufe des Gespräches entpuppen wird. Wenn Sie Ihr Handwerk beherrschen, werden Sie mit jeder Reaktion und Verhaltensweise Ihres Gegenübers souverän umgehen. Das heißt, Sie spielen perfekt auf der Verhandlungs-Klaviatur: von soft bis ganz taff. Ihren stummen Willkommensgruß bei der ersten Begegnung – noch bevor das erste Wort gesagt ist – wird der Kunde sofort positiv aufnehmen.

Beobachten Sie sich einmal – so weit möglich – selbst, aber auch Ihre Kollegen: Wie verhalten Sie sich, wenn ein Kunde den Verkaufsraum betritt? Warten Sie passiv ab, bis der Kunde auf Sie zukommt? Oder stürmen Sie auf ihn zu und reden gleich auf ihn ein? Wie ist Ihre Körperhaltung, wenn Sie auf Ihre Kunden zugehen? Welches Mienenspiel können Sie auf dem Gesicht Ihrer Kollegen ablesen, wenn diese einem interessierten Käufer gegenübertreten? Alle diese Details, die Sie jetzt versuchen, bewusst wahrzunehmen, wird ein Kunde in den ersten Sekunden der Begegnung mit einem Verkäufer unbewusst aufnehmen und zu einem spontanen gefühlsmäßigen Eindruck verarbeiten. Und dieser erste Eindruck ist in einem sehr großen Ausmaß ausschlaggebend für den Erfolg oder Misserfolg der weiteren Verkaufsverhandlungen.

Auch wenn Sie es schon langsam nicht mehr hören können, sollten Sie sich immer wieder den grundlegendsten Erfolgsfaktor für erfolgreiche Verkaufsgespräche ins Gedächtnis rufen: Lächeln Sie, wenn Sie auf Ihren Kunden zugehen. Das gilt übrigens auch für das Telefon. Kunden können Ihr freundliches Lächeln nicht nur sehen, sondern am Telefon auch „hören", so unwahrscheinlich das klingen mag. Etwa 80 % der „emotionalen Wirkung" am Telefon erzielen Sie über eine freundliche Stimme, es zählt also WIE Sie sprechen, noch nicht WAS Sie sagen – dazu später mehr. Denn wenn Sie lächeln – probieren Sie es gleich einmal aus – ist es für Sie gleichzeitig unmöglich, unfreundlich zu sein oder schlechte Laune zu verbreiten. Wenn Sie lächeln, verbessert sich automatisch Ihre Stimmung und das merkt der Kunde. Lächeln bedeutet natürlich nicht, nur die Zähne zu fletschen und eine freundliche Grimasse aufzusetzen. Diese unechte Mimik kommt sehr unangenehm bei Kunden an. Lassen Sie Ihre Augen mitlachen, gehen Sie offen und positiv auf den Kunden zu, und signalisieren Sie ihm, dass Sie sich darauf freuen, ihn kompetent beraten zu können.

Bestürmen Sie den Kunden nicht, sondern lassen Sie ihm Freiraum. Den brauchen übrigens auch Sie, um Zeit und Raum zu haben, Ihre Intuition, die Sie als guter Verkäufer in hohem Maße besitzen, mit in das Gespräch einfließen lassen zu können. Wahren Sie die richtige Distanz zum Kunden. Hören Sie dabei auf Ihr Gefühl. Der Kunde darf auf keinen Fall den Eindruck gewinnen, von Ihnen bedrängt zu werden. Allerdings sollte er sich von Ihnen auch nicht allein gelassen fühlen. Es genügt das freundliche Signal, für den Kunden da zu sein, in dem Sie positiv und gelassen auf ihn zugehen. Ihre Körperhaltung sollte dabei locker sein, die Gestik offen. Verschränkte Arme oder Hände in den Hosentaschen sind tabu.

Zeigen Sie auf keinen Fall Ungeduld, indem Sie schnell Ihr Know-how abspulen, um rasch einen Abschluss machen zu können. Lassen Sie jetzt erst den Kunden kommen. Wenn der sofort mit harten Preis-Bandagen verhandeln will, können Sie ihm immer noch professionell, aber gleichbleibend freundlich die „Zähne zeigen".

Ein nicht unwichtiger Einflussfaktor, was den ersten Eindruck anbelangt, ist die Kleidung des Verkäufers. Nach dem altbekannten Sprichwort „Kleider machen Leute" lassen sich eine Menge Menschen vom äußeren Erscheinungsbild Ihres Gegenübers beeinflussen. Das gilt für Sie als Verkäufer genauso wie für Ihre Kunden. Wie wenig die Kleidung über die Persönlichkeit oder den Geldbeutel von Menschen aussagt, haben Untersuchungen zur Genüge bewiesen. Wie sehr die meisten Menschen aber dem so genannten „First Impression Error" (irreführender erster Eindruck) unterliegen – und der hat eben auch viel mit der Kleidung zu tun – auch.

Es gibt eine Grundregel für Verkäufer, die besagt: Kleide Dich nicht um Klassen besser als Deine Kunden, aber auch nicht schlechter, lässiger.

Sie selbst kennen Ihr Kundenklientel am besten. Sie sehen jeden Tag, welche Kunden den Verkaufsraum betreten. Wahrscheinlich wird Ihr Kundenstamm nicht so vielfältig und heterogen sein, dass sich nicht eine gewisse Linie feststellen lässt. Und dieser sollten Sie sich nach Möglichkeit anpassen.

Auch wenn Sie gerne Designer-Mode anziehen, die neueste italienische Schuhmode tragen und nicht gerade sparsam mit dem neuesten Duft umgehen, sind Sie gut beraten, diese Vorlieben besser auf Ihr Privatleben zu beschränken, wenn die meisten Ihrer Kunden eher hemdsärmelig bei Ihnen am Point of Sale erscheinen. Zu schnell werden Sie sonst als arrogant und überheblich eingestuft. Außerdem gibt es eine Menge Menschen, die vom Virus des Sozialneids befallen sind. Und wenn Ihre Kleidung einen besseren sozialen Status als den Ihrer Kunden widerspiegelt, könnten einige gleich annehmen, Ihre Provisionen seien zu hoch. Ein willkommener Anlass für sie, um bei den folgenden Rabattforderungen noch ein paar Prozentpunkt höher einzusteigen. Im Übrigen erzeugt ein Outfit, das in etwa dem eigenen entspricht, eine gewisse „Gleichwertigkeit" beim Kunden, der Ihnen beim Aufbau einer vertrauensvollen Basis in der Warm-up-Phase ungemein nützlich ist.

Das gilt natürlich auch umgekehrt. Wenn Sie in einem Unternehmen tätig sind, das vorwiegend Automobile der Premium-Preisklasse verkauft, werden viele Ihrer Kunden ihren gehobenen sozialen Status auch in der Kleidung ausdrücken. Dementsprechend erwarten sie Verkaufspersonal mit Stil und Niveau, welches das Image des Unternehmens, der Marke auch in Kleidung und Verhalten dem Kunden gegenüber widerspiegelt.

Ein Grundsatz, was das äußerliche Erscheinungsbild von Verkäufern anbelangt, gilt allerdings ganz allgemein: Nur ein gepflegter Verkäufer ist ein erfolgreicher Verkäufer. Egal, ob das Outfit lässig, elegant oder sportlich ist, sollten die einzelnen Kleidungsstücke sauber, die Schuhe geputzt, perfekt besohlt und nicht abgetreten sein und die Frisur tadellos sitzen. Gerüche wie penetranter Tabaksqualm oder der Küchendunst vom mittäglichen Restaurantbesuch sollten aus den Falten der Kleidungsstücke völlig verschwunden sein. Das gilt natürlich auch für Ihre Knoblauchfahne, die vielleicht noch an das geniale Essen am Vorabend beim Griechen erinnert.

Eine ganze Reihe von Äußerlichkeiten nehmen also auf den ersten Eindruck Ihrer Kunden Einfluss, noch bevor Sie ein Wort mit ihnen gewechselt haben. Man spricht von etwa 55 % Wirkung der Körpersprache, aus Gestik und Mimik. Die eine oder andere Verbesserungsmöglichkeit in Ihrem Verkaufsalltag werden sicher auch Sie entdeckt haben. Nicht alles ist umsetzbar und vielleicht entzieht sich auch so manche offensichtlich notwendige Maßnahme Ihrem Kompetenzbereich. Setzen Sie dann aber auf alle Fälle konsequent bei sich und innerhalb Ihres Einflussbereiches an. Vielleicht können Sie dazu beitragen, in Ihrem Verkaufsteam wieder eine bessere Stimmung zu erzeugen oder den einen oder anderen Kollegen freundschaftlich und unaufdringlich auf ein Defizit hinweisen, das Sie entdeckt haben. Und als engagierter Verkaufsberater sind Ihre Vorschläge und Ideen bei der Führungscrew sicher auch willkommen.

Welche grundsätzliche Einstellung haben Sie Ihren Kunden gegenüber?

Der Kunde von heute verlangt einen ebenbürtigen Partner als Verkäufer. Er erwartet von Ihnen, dass Sie das Einmaleins des Verkaufens mehr als perfekt beherrschen. In Zukunft werden Ihnen Ihre Kunden zunehmend das gesamte Know-how eines Profiverkäufers abverlangen: vom empathischen Einfühlungsvermögen bis hin zur smarten aber doch unnachgiebigen Verhandlungskunst.

Händler und Verkäufer, die diese Entwicklung noch nicht erkannt haben oder die notwendige Flexibilität vermissen lassen, auf diese veränderten Kundenerwartungen zu reagieren, manövrieren sich selbst ins Abseits. Nach dem Motto, wer zu spät kommt, den bestraft der Markt, sind sie die

Ersten, die der „Marktbereinigung" zum Opfer fallen werden oder schon gefallen sind. Nicht ganz zu Unrecht, denn mangelnde Anpassungsgeschwindigkeit kann sich heute kein Unternehmen mehr leisten. Dasselbe gilt für seine Mitarbeiter.

Welche Einstellung weht Ihren Kunden also entgegen, wenn die Mitarbeiter am Point of Sale auf sie zugehen? Auch wenn Ihre Begrüßung noch so freundlich und professionell ausfällt, wird der Kunde eine negative Haltung ihm gegenüber sofort spüren. Herrscht bei Ihnen im Verkaufsteam vielleicht folgende Meinung über Ihre Kunden?

> Kunden sind alle Rabatthaie und wollen uns nur den letzten Prozentpunkt aus der Tasche ziehen.

> Jedes faire Verkaufsgespräch ist von vornherein zwecklos, weil die meisten Kunden nur daran interessiert sind, uns Verkäufer mit Wettbewerbspreisen unter Druck zu setzen.

> Die meisten Kunden sind an einer Fachberatung gar nicht mehr interessiert, sondern nur an der Preisverhandlung.

> Viele Rabattjäger sind nicht nur preisgierig, sondern auch noch taktlos und frech.

> Ein Großteil der Kunden hat keine Ahnung. Aber sie prahlen dafür um so mehr mit ihrem Wissen.

> Vor allem die Kunden sind schuld an dem vernichtenden Intra-Brand-Wettbewerb (Wettbewerb innerhalb einer Marke, Audi gegen Audi, BMW gegen BMW), weil sie die Händler schamlos gegeneinander ausspielen.

> Im Umgang mit den heutigen Kunden gibt es nur zwei Möglichkeiten: die harte Linie zu fahren oder klein beizugeben und hohe Rabatte zu geben.

> Im Prinzip ist gegen Rabattjäger-Kunden – und das sind die meisten – kein Kraut gewachsen. Sie verleiden einem den Spaß am Verkäuferberuf.

Diese Statements von Verkäufern sind übrigens nicht „aus den Fingern gesogen", sondern sie begegnen uns immer wieder in der täglichen Seminarpraxis. Vielen Mitarbeitern ist gar nicht bewusst, dass sie im Grunde eine sehr negative Einstellung Ihren Kunden gegenüber haben. An Tagen, an denen wir die Verkäufer im Unternehmen coachen, beweisen Sie gleich bei der Begrüßung des Kunden außergewöhnliche Freundlichkeit. Trotzdem kann das Gegenüber und jeder der umstehenden Mitarbeiter die teilweise fast feindliche Haltung dem Kunden gegenüber spüren, obwohl verbal kein einziger „Ausrutscher" wahrzunehmen ist. Wenn ich dann allerdings die Körperhaltung und Stimmlage gemeinsam mit meinen Teilnehmern auf Video näher analysiere, ist unschwer zu erkennen, dass zwischen der Einstellung des Verkäufers dem Kunden gegenüber und dem was er sagt, keine Übereinstimmung herrscht. Und das merkt auch der Kunde.

Konsequenz: Ihre Kunden spüren schon beim ersten Gegenübertreten die negative Haltung des Mitarbeiters und reagieren darauf natürlich auch entsprechend abwehrend. Das ist die denkbar schlechteste Voraussetzung, um in der folgenden Warm-up-Phase eine vertrauensvolle Basis für den späteren Abschluss herstellen zu können. Die Fronten verhärten sich schon, bevor überhaupt das erste Wort gefallen ist und eine Konfrontation ist vorprogrammiert. Viele Verkäufer treten dann schnell den innerlichen Rückzug an, ihre Verkaufsmotivation und ihre Servicebereitschaft sinkt. Sie ziehen das anschließende Verkaufsgespräch lustlos durch und machen resigniert äußerste Rabattzugeständnisse oder lassen den Kunden unverrichteter Dinge gehen.

Überprüfen Sie deshalb einmal ganz kritisch Ihre innere Einstellung zum Kunden. Haben Sie bereits einen Berg an Vorurteilen aufgeschichtet, mit denen Sie auf jeden Ihrer Kunden zugehen? Wie die meisten Mitarbeiter im Verkauf haben Sie bereits eine Menge negativer Erfahrungen gemacht, was Kunden anbelangt. Das bleibt in einer Verkäuferpraxis nicht aus. Und Hand aufs Herz, manche Kunden sind in ihrer Dreistigkeit und Überheblichkeit so unerträglich, dass Sie gut auf Sie verzichten könnten.

Wo muss ein Einstellungswandel bei Verkäufern ansetzen?

Vor allem in den letzten fünf bis zehn Jahren hat sich das Kundenverhalten sehr stark verändert. Kunden nutzen den immer härter werdenden Wettbewerb zwischen den Händlern gnadenlos aus. Und als Verkäufer fühlen Sie sich wie ein Korn zwischen zwei Mühlsteinen. Von oben kommt der Druck nach besseren Verkaufszahlen und höheren Deckungsbeiträgen, und an der Kundenfront treffen Sie auf unverschämte Rabattforderungen, die Ihnen schlichtweg den Atem nehmen. Bleiben Sie trotzdem hart, geht der Kunde zur Konkurrenz. Und irgendein anderer Händler oder Verkäufer steht mit Sicherheit so unter Verkaufsdruck, dass er den unglaublichen Forderungen des Kunden trotzdem nachgibt. So einfach ist das.

Wie sie diese unglückliche Rabattspirale durchbrechen können, besprechen wir mit unseren Seminarteilnehmern täglich. Neu motiviert und ausgestattet mit revolutionären Verkaufsstrategien gehen Sie in die folgenden Kundengespräche. Und der Erfolg lässt nicht auf sich warten. Doch dazu später mehr. Die einzelnen Erfolgsstrategien erfahren Sie in Kapitel 3 – an praktischen Beispielen erklärt – ganz ausführlich.

Kehren wir noch einmal zurück zu Ihrer grundsätzlichen Einstellung Ihren Kunden gegenüber. Sie ist eine ganz wichtige Voraussetzung für Ihren Erfolg im Verkaufsgespräch. Sie können Ihre Verhandlung dramaturgisch noch so geschickt und professionell aufbauen. Wenn der Kunde spürt, dass Sie im Grunde nicht viel von ihm halten, werden Sie an ihm scheitern. Deshalb ist es enorm wichtig, dass Sie jedem Ihrer Kunden – Ausnahmen bei einigen wenigen „besonderen Exemplaren" seien verziehen – aufrichtige Wertschätzung entgegenbringen. Das altbekannte Sprichwort: *„Wie man in den Wald hineinruft, so schallt es wieder heraus"*, hat auch für die Beziehung Verkäufer-Kunde seine Gültigkeit. Und einer der beiden Parteien muss auf dem Weg zu einem Einstellungswandel die Initiative ergreifen. Wenn Sie auch in Zukunft erfolgreich sein möchten, werden wohl oder übel Sie auch derjenige sein, der diesen ersten Schritt tun muss.

Verlassen Sie daher althergebrachte Denkmuster, und entwickeln Sie ein grundlegend neues Verständnis für die Bedürfnisse des modernen Verbrauchers. Erkennen Sie, dass der neue Kunde in seinem Einkaufsverhalten völlig veränderten Werten folgt. Deshalb müssen Sie nicht gleich alle verkäuferischen Traditionen über Bord werfen. Im Gegenteil, Sie ziehen damit nur die professionelle Konsequenz, flexibel auf ein neues Kundenumfeld zu reagieren.

Folgende **zehn Charakteristika des neuen Kunden** sind für den erfolgreichen Verkäufer der Zukunft von grundlegender Bedeutung. Überprüfen Sie, ob sich bei Ihnen bereits ein Einstellungswandel vollzogen hat oder ob Sie Ihre Sichtweise, was Kunden anbelangt, noch in dem einen oder anderen Punkt anpassen sollten:

1. Der neue Kunde verfügt über umfangreiche Information und sucht den fachlichen Dialog.

2. Er will als ebenbürtiger Gesprächspartner akzeptiert werden.

3. Er erwartet echte spürbare Wertschätzung.

4 Er möchte als einzigartiges Individuum behandelt werden.

5. Der neue Verbraucher setzt Servicebereitschaft bei Verkäufern grundsätzlich voraus.

6. Er sucht ein außergewöhnliches Ambiente und will positive Gefühle bei seinem Einkauf erleben.

7. Er will Spaß im Gespräch mit dem Verkäufer.

8. Er feilscht gerne um Rabatte. Dieses Gefecht um die höchsten Preisnachlässe erhöht sein Einkaufsvergnügen.

9. Er will als Sieger aus den Rabattverhandlungen hervorgehen.

10. Er setzt Qualität zu einem guten Preis voraus.

Wenn Sie einem Kunden im Unternehmen gegenübertreten, können Sie grundsätzlich davon ausgehen, dass er sich im Vorfeld bereits umfangreich über das gewünschte Produkt und die angebotenen Preise am Markt informiert hat. Fachmonologe Ihrerseits sind deshalb in den meisten Fällen fehl am Platz. Ihr Kunde freut sich höchstens über einen gemeinsamen Fachdialog. Inwieweit dieser von Ihrem Gegenüber gewünscht wird, müssen Sie von Situation zu Situation immer wieder erneut abschätzen.

Auf jeden Fall sollten Sie Ihrem Kunden eine hohe Wertschätzung entgegenbringen, die auch von Herzen kommt. Es geht ihm dabei nicht darum, dass Sie ihm mit einer „Kunde-Ist-König-Haltung" gegenübertreten. Er will lediglich ernst genommen werden und ein partnerschaftliches Verkaufsgespräch führen. Zu viel einstudierte Höflichkeit stempelt er in seiner pragmatische Art als unglaubwürdig ab. Ein respektvoller, lockerer Umgang ist ihm lieber als servile Bauchpinselei.

Was er überhaupt nicht schätzt, ist Abschlussgier und penetrante Überredungskunst. Er hat durchaus Verständnis für Ihr Geschäftsinteresse als Verkäufer, solange seine Interessen als Kunde dabei genauso gewahrt bleiben. So genannte missionarische Verkäufer, die sich scheinbar nur auf die Bedürfnisse des Kunden einstellen, findet er unglaubwürdig. Er ist viel zu intelligent und informiert, um nicht zu wissen, dass beide Seiten ihren Vorteil suchen, was er durchaus für legitim hält. Wertschätzung bedeutet für den modernen Kunden Respekt und Akzeptanz, sowohl menschlich als auch fachlich. Wenn Sie ihm diese Haltung ehrlich und nicht aufgesetzt entgegenbringen, schlägt sich das wiederum positiv auf sein Verhalten Ihnen gegenüber nieder.

Was der neue Kunde überhaupt nicht mag, sind stereotype, aalglatt wirkende Verkaufsprofis, die ihre mühsam erlernten Standardargumente, womöglich noch unterstützt durch die passend einstudierte Körpersprache, marionettenhaft herunterbeten. Er versteht sich als Individualist und will von Ihnen als solcher behandelt werden. Natürlichkeit und Spontanität kommt ihm am meisten entgegen.

Außerdem ist ein gewisser Standardservice für den modernen Verbraucher selbstverständlich. Er setzt ihn voraus, weil viele Händler bereits eine Menge dazugelernt haben und durchaus ansehnlichen Service bieten. Unfreundlichkeit oder mangelnde Servicebereitschaft ahnden die meisten Kunden mit einem totalen Boykott des Unternehmens. Warum sollte er sich hier herumärgern, wenn er woanders genau das bekommt, was er sich vorstellt. Im Gegenteil, Sie können sich gegenüber der Konkurrenz nur vorteilhaft abheben, wenn Sie außergewöhnlichen Service bieten. Spontane, originelle Serviceeinfälle, die nicht unbedingt immer aufwendig sein müssen, verschaffen Ihnen einen erheblichen Punkte-Vorsprung im Wettkampf um den Kunden. Der Wegfall von Rabattgesetz und Zugabeverordnung schaffen gerade hier neue Möglichkeiten.

Und weil viele der neuen Konsumenten der Erlebnishunger gepackt hat, suchen sie auch bei ihren Einkäufen das aufregende, prickelnde Gefühl. Das finden sie zum Beispiel, wenn die Verkaufsräume Ihres Unternehmens ein ungewöhnliches, anregendes Ambiente ausstrahlen. Aber auch Sie können Ihrem Kunden ein besonderes Erlebnis bieten, wenn Sie ein kurzweiliges, unkonventionelles Verkaufsgespräch führen, das Sie mit einem ganz individuellen Service für den Kunden ausklingen lassen. Gelangweiltes, lustloses Verkaufspersonal ist auf jeden Fall Gift für den Umgang mit modernen Kunden und wird sie in Windeseile in die Arme des Wettbewerbs treiben.

Wie motiviert gehen Sie in das Verkaufsgespräch?

Eine riesige Welle des Wandels hat den deutschen Markt erfasst. Und der Automobilmarkt ist beispielsweise eine der zentralen Branchen, die den Sog ins Ungewisse besonders zu spüren bekommen. Derjenige, der vom zunehmenden Wettbewerb, der Unsicherheit der Händler und der gesamten Umbruchsituation am meisten profitiert, ist der Kunde. Dieser hat seine Chance schnell erkannt. Wettbewerbsdruck der Anbieter am Markt bedeutet Preiskampf. Und Preiskampf wiederum heißt für den Kunden Schnäppchen und Rabatte – die Chance, die Händler mit unverschämten Rabattforderungen unter Druck zu setzen und gegenseitig auszuspielen. Immer mehr Kunden steigen mit unrealistisch hohen Nachlassforderungen in die Verkaufsverhandlungen ein. Sie wollen den Kampf um jeden Preis und gewinnen zunehmend Spaß an dieser Art des Feilschens. Nicht zuletzt deshalb, weil vielen der Erfolg Recht gibt.

Große Unterstützung in Sachen Selbstbewusstsein und Rabatt-Verhandlungstechnik erhalten die Kunden der neuen Generation durch die unterschiedlichsten Medien. Angefangen beim Internet, über das sich der Verbraucher den Weltmarkt ins Wohnzimmer holen kann, über Zeitschriften bis hin zu Büchern und Artikeln in Tageszeitungen bekommt der interessierte Kunde Tipps, wie er sich auf dem schnellsten Weg sein gewünschtes Produkt zum günstigsten Preis besorgen kann. Mit Hilfe von Produktvergleichstests, Schnäppchenführern und Fachliteratur macht er sich ein objektives Bild über die aktuell angebotenen Preise seiner Wunsch-Marke und tritt dem Verkäufer am Point of Sale informiert und selbstbewusst gegenüber. Nicht wenige Verkäufer befinden sich am Rande der Verzweiflung. Sie führen lange Verkaufsgespräche mit interessierten Kunden, versuchen professionell auf ihre Bedürfnisse einzugehen und stellen dann doch resigniert fest, dass den Kunden offensichtlich nur eines interessiert: Wie viel Prozent Rabatt sind drin?! Wer den Forderungen nicht genügend weit entgegen kommen kann, sieht seine Kunden schneller von hinten als ihm lieb ist.

„In Deutschlands Autohäusern geht es zur Zeit zu wie auf orientalischen Basaren. Die Moral im Handel ist am Boden", klagt Wolfgang Meinig, Chef der Forschungsstelle Automobilwirtschaft an der Universität Bamberg. Zahlreiche Händler sind dadurch bereits in ihrer Existenz bedroht. Die Konsumenten indes schert das wenig. Nachdem sie jahrzehntelang artig die ‚unverbindlichen' Preisempfehlungen der Hersteller zahlten, jede Preiserhöhung schluckten und dankbar waren, wenn sie der Händler mit ein paar Fußmatten beglückte, nutzen sie heute den Markt erbarmungslos aus.

Eine Studie der Essener Unternehmensberatung Marketing Systems im Auftrag von sechs europäischen Autoherstellern kommt zu folgendem Ergebnis: Seit Jahren ist die Zahl und Höhe von Verkaufsförderungsmaßnahmen deutlich gestiegen. Je nach Marke und Modell werden direkt oder indirekt Preisnachlässe bis zu 23 Prozent gewährt. Überkapazitäten in Asien und Europa, schleppendes Inlandsgeschäft und *„ein nie dagewesener Kampf um Marktanteile"* (Meinig) bescheren deutschen Autokäufern goldene Zeiten. Händler werben mit Titanic-Preisen, die steil nach unten zeigen und rechnen den Kunden vor, dass sie dank verbesserter Ausstattung Preisvorteile von mehreren tausend Euro erhalten.

Ein Händler versucht dabei den anderen zu übertreffen: *„Es herrscht"*, weiß Meinig *„Wettbewerb total."* (Wirtschaftswoche) Importeure und Hersteller verfolgen diese Entwicklung mit Schrecken. Die immer schneller werdende Rabattspirale lässt die Deckungsbeiträge nach unten gehen. Die Gewinne schmelzen wie Eis in der Sonne. Kein Wunder also, dass sich die Hersteller in Windeseile marktgerechte Strategien einfallen lassen müssen, die diesen rasanten Abstieg stoppen sollen. Dass dabei in jüngster Zeit nicht selten „das Kind mit dem Bade ausgeschüttet" wurde, haben wir alle erfahren.

Nach Erhebung des Statistischen Bundesamtes sind die Preise für Neufahrzeuge bereits deutlich hinter der Entwicklung der allgemeinen Kostensteigerung zurückgeblieben. Seit 1991 stiegen die Neuwagenpreise lediglich um 11,5 Prozent, die Lebenshaltungskosten jedoch um 17 Prozent. Die Statistik überzeichnet die Preisentwicklung sogar noch: Denn serienmäßig installierte Airbags, Antiblockiersysteme, Servolenkungen und andere Extras haben die Autos in den vergangenen 9 Jahren um 15 Prozent aufgewertet, ohne dass sich dies in entsprechend höheren Preisen niedergeschlagen hat. Die Schere dürfte in Zukunft noch weiter auseinander klaffen. Denn Preiserhöhungen sind in dem sich verschärfenden Wettbewerb kaum durchzusetzen. Immer wieder unternehmen die Autoriesen Anläufe…

Wenn Sie sich die derzeitige Situation im Markt vergegenwärtigen, die Sie ohnehin täglich hautnah erleben und sich zudem diese Zahlen vor Augen führen, ist es kein Wunder, wenn sich Resignation bei Ihnen breit macht. Welchen Sinn hat es überhaupt noch, den aussichtslosen Kampf im Preisgespräch mit dem Kunden aufzunehmen? Im Prinzip scheint der Verkäufer im Unternehmen auf verlorenem Boden zu stehen. Wenn das Ergebnis eines Preisgespräches im Prinzip schon zu Beginn der Verhandlungen feststeht, ist dies ein Wettkampf zwischen ungleichen Partnern. Wie sollten Sie also unter diesen Voraussetzungen noch die notwendige Motivation für die tägliche Begegnung mit Ihren Kunden aufbringen? Weil aber ein demotivierter Verkäufer immer ein schlechter Verkäufer ist, wird sich ihre schlechte Ausgangssituation dem Kunden gegenüber auf diese Weise immer mehr ausbauen.

Höchste Zeit für Sie, das Kräfteverhältnis wieder auszugleichen, wenn nicht gar umzukehren. Werfen Sie Ihre negative Einstellung, ja vielleicht sogar Ihre Angst gegenüber feilschenden Käufern über Bord. Ändern Sie Ihre Sichtweise! Lesen und lernen Sie in Kapitel 3 an Hand von praktischen Beispielen, wie Sie in Rabattgesprächen mit Ihren Kunden Schritt für Schritt Boden gewinnen können und die Nachlassforderungen auf ein erträgliches Maß zurückschrauben werden. Erfahren Sie, wie Sie direkt am Point of Sale den Erfolg des gesamten Unternehmens maßgeblich beeinflussen können. Gewinnen Sie wieder mehr Selbstbewusstsein Ihren Kunden gegenüber. Und vor allem gehen Sie wieder mit Spaß in das Verkaufsgespräch.

Wenn Sie das notwendige Handwerkszeug für erfolgreiche Rabattgespräche in der Tasche haben und jederzeit abrufen können und zudem Ihre Einstellung feilschenden Kunden gegenüber völlig neu definieren, werden Sie erfahren, dass sich der Erfolg für Sie am Point of Sale wieder einstellt, ganz unabhängig von den Maßnahmen oder Pressionen der Hersteller. Denn Sie haben den direkten Kontakt mit den Verbrauchern und können so die Verkaufszahlen auch am unmittelbarsten beeinflussen.

Erkennen Sie, dass viele Rabattjäger vor allem Spaß daran finden, mit Ihnen nach Basarmentalität zu feilschen. Verderben Sie Ihren Kunden dieses Vergnügen nicht, sondern nehmen Sie den sportlichen Wettkampf auf! Finden Sie Ihre ursprüngliche Motivation wieder, die Sie als hervorragenden Verkäufer auszeichnet. Und entdecken Sie dieselbe Freude an einer zähen, aber fairen Preisverhandlung wie Sie Ihre Kunden bereits haben. Diese werden es zu schätzen wissen, wenn sie es mit einem ebenbürtigen Verhandlungspartner zu tun haben. Wenn Ihr Gegenüber diese positive, sportliche Einstellung zum Preisgespräch fühlt, wird er wiederum auch Ihnen ganz anders begegnen. Ihre Verhandlungen werden in einen fairen Preiskompromiss münden, mit dem sowohl Sie als auch Ihr Kunde zufrieden sein kann.

2.2 | Der richtige Einstieg in das Verkaufsgespräch

Noch bevor Sie also das erste Wort an einen Käufer gerichtet haben, gibt es eine Reihe von Voraussetzungen – vom Anfahrtsweg über die Parkmöglichkeiten, die Gestaltung der Verkaufsräume bis zu Ihrer inneren Einstellung dem Kunden gegenüber – die den weiteren Erfolg Ihres Verkaufsgespräches maßgeblich mit beeinflussen. Nicht alle Faktoren unterliegen Ihrer Einflusskraft. Aber Sie können doch bereits im Vorfeld eine Menge steuern, um schon den ersten Eindruck beim Kunden positiv ausfallen zu lassen. Erst dann haben Sie die optimale Startsituation für eine erfolgreiche Verhandlung geschaffen.

Welchen Verkaufsstil praktizieren Sie?

Bevor wir gemeinsam in die erste wichtige Phase des Verkaufsgespräches – dem Aufbau einer vertrauensvollen Beziehung zum Kunden – einsteigen, bitte ich Sie, noch einmal Ihren Stift zur Hand zu nehmen und folgende Fragen zu beantworten. Welche der folgenden Grundsätze herrschen bei Ihnen bzw. Ihren Kolleginnen und Kollegen im Verkaufsteam vor:

1. Die meisten Kunden sind ungenügend über die gewünschten Produkte informiert. Man muss ihnen erst einmal ordentlich die Fakten klarmachen.

Stimmt	Stimmt teilweise	Stimmt nicht
		X

2. Die erfolgversprechendste Methode im Verkaufsgespräch ist immer noch, den Kunden durch ausgefeilte, professionelle Verkaufsstrategien zum Kauf zu überreden und sich nicht auf große Diskussionen einzulassen.

Stimmt	Stimmt teilweise	Stimmt nicht
	X	

3. Viele Kunden sind unsicher, was sie wollen. Schon nach kurzer Zeit kann ein guter Verkäufer besser einschätzen, was für den Kunden passend ist als dieser selbst.

Stimmt	☒ Stimmt teilweise	Stimmt nicht

4. Im Vordergrund stehen zuallererst die Wünsche und Bedürfnisse des Kunden. Deshalb denke ich erst einmal gar nicht an einen Abschluss. Der ergibt sich dann ganz von selbst.

☒ Stimmt	Stimmt teilweise	Stimmt nicht

5. Die beste Art des Verkaufens besteht darin, dem Kunden das Gefühl zu geben, dass meine Absichten als Verkäufer völlig selbstlos sind und ich nur sein Wohl im Auge habe.

☒ Stimmt	Stimmt teilweise	Stimmt nicht

6. Ich stelle dem Kunden die in meinen Augen für ihn passendsten Alternativen vor, beziehe aber keine Stellung und versuche nicht, ihn durch Argumente von einer Variante zu überzeugen. Der Kunde soll völlig unmanipuliert bleiben in seiner Entscheidung.

☒ Stimmt	Stimmt teilweise	Stimmt nicht

7. Ich ziehe es vor, alle Fragen des Kunden korrekt und nach bestem Wissen und Gewissen zu beantworten, wenn er auf mich zukommt. Ich habe es längst aufgegeben, Kunden etwas aktiv verkaufen zu wollen.

☒ Stimmt	Stimmt teilweise	Stimmt nicht

8. Die besten Erfahrungen habe ich damit gemacht, den Kunden nicht zu sehr mit Service zu verwöhnen. Die meisten nutzen das nur aus und kaufen dann doch beim Wettbewerb.

	Stimmt		Stimmt teilweise	☒	Stimmt nicht

9. Ich bin aus Überzeugung Verkäufer mit dem Ziel, meinem Kunden das für ihn optimale Produkt zu verkaufen. Das darf er auch spüren.

☒	Stimmt		Stimmt teilweise		Stimmt nicht

10. Ich stelle dem Kunden mein hervorragendes Fachwissen zur Verfügung. Er kann jederzeit mit mir über die unterschiedlichsten Fragen diskutieren und ich bin offen für seine Informationen, die er in das Gespräch einbringt.

☒	Stimmt		Stimmt teilweise		Stimmt nicht

11. Ich bin auf jede Kundenpersönlichkeit erst einmal neugierig und respektiere sie als ebenbürtigen Verhandlungspartner.

☒	Stimmt		Stimmt teilweise		Stimmt nicht

12. Ich bin jederzeit bereit für eine angeregte Preisdiskussion mit dem Kunden und habe das Ziel vor Augen, einen Preiskompromiss zu finden, mit dem beide Seiten leben können.

☒	Stimmt		Stimmt teilweise		Stimmt nicht

Auswertung:

Haben Sie die Fragen 1–3 mit „Stimmt" bzw. „Stimmt teilweise" beantwortet? Dann könnte Ihr Verhalten im Verkaufsgespräch noch zu viele Elemente eines Verkäufertyps beinhalten, der zwar noch vor Jahren sehr erfolgreich war, beim modernen Kunden jedoch überhaupt nicht mehr ankommt. Prüfen Sie kritisch, ob Sie bei Ihren Verhandlungen hin und wieder Eigenschaften des so genannten Drückers erkennen lassen. Der klassische Drücker ist lediglich auf das schnelle Geschäft aus und versucht vielfach, seinen Kunden in Grund und Boden zu reden. Sein Redeschwall gibt seinem Gegenüber keinen Raum mehr für Fragen oder Eigeninitiative. Er geht immer noch von einem schlecht informierten Kunden aus, den man zu seinem Glück überreden muss. Er bombardiert den Kunden regelrecht mit Verkaufs- und Abschlussargumenten, ohne den Kunden mit seinen Einwänden groß zu Wort kommen zu lassen.

Wenn Sie die Fragen 4–6 mit „Stimmt" bzw. „Stimmt teilweise" beantwortet haben, zeigen Sie vielleicht noch eine Tendenz in Richtung missionarischer Verkäufer, der in den letzten Jahren von einigen Verkaufstrainern hochgelobt wurde. Der Missionar hat sich von jeglicher Verkaufsorientierung verabschiedet. Er folgt nur noch den Wünschen und Bedürfnissen seiner Kunden. Und wie durch ein Wunder wird sich dann – glaubt er – automatisch der Verkaufserfolg einstellen, weil Kunden diese Art des selbstlosen Verkaufens ja so schätzen. Er pflegt Verkaufsdialoge nach dem Motto „Der Kunde ist mein Freund" und einem Freund schwatzt man schließlich nichts auf. Er bietet zurückhaltend und taktvoll lediglich verschiedene Alternativen an, ohne jedoch sich selbst einzubringen und Stellung zu beziehen. Der Kunde soll sich auf keinen Fall manipuliert fühlen. Auch dieser Verkäufertyp ist beim neuen Verbraucher nicht sehr geschätzt. Er langweilt seine Kunden bestenfalls, die es lieber mit einem gleichwertigen Verhandlungspartner zu tun haben, der gemeinsam mit Ihnen in eine anregende und spannende Preisdiskussion einsteigen soll.

Sicher haben Sie die Fragen 7 und 8 mit „Stimmt nicht" beantwortet. Denn eine Bestätigung dieser beiden Statements würde bedeuten, dass Sie noch erhebliche Anteile des sogenannten Verteilers verkörpern. Dieser Typ des Verkäufers ist aber fast gänzlich von der Bildfläche verschwunden. Er ist das Relikt aus vergangenen Wirtschaftswunderzeiten, das, zur Salzsäule erstarrt, Verkaufsräume ziert und gönnerhaft Auskünfte an den Kunden weitergibt. Mit Glück bekommt der Kunde wortkarge Fachauskünfte, wenn er es überhaupt wagt, ihn mehr als nötig zu bemühen. Von Service keine Spur. Der Verteiler hält weder von Kunden- noch von Verkaufsorientierung etwas. Er ist nur reaktiv tätig und an keinem Dialog mit dem Kunden interessiert (Verweyen 1997).

Sie sind auf dem besten Weg zum Verkäufer der Zukunft, wenn Sie die Fragen 9 bis 12 mit „Stimmt" beantwortet haben. Sie haben bereits einen Einstellungswandel vollzogen und verstehen sich als Partner Ihrer Kunden. Dabei vergessen Sie jedoch nicht, Ihre ursprüngliche Bestimmung und Ihr Ziel, ein erfolgreicher Verkäufer sein zu wollen. Und mit dieser Haltung treten Sie Ihren Kunden selbstbewusst gegenüber. Sie wollen Ihr Gegenüber weder überreden oder übervorteilen noch machen Sie ihm die totale Selbstlosigkeit vor. Die würde Ihnen der neue Kunde ohnehin nicht abnehmen. Sie sind offen für die Bedürfnisse des Käufers und führen mit ihm einen gleichberechtigten Dialog. Zu jeder Phase des Verkaufsgespräches bringen Sie ihm Interesse und Wertschätzung entgegen. Sie sind bemüht die individuellen Anforderungen Ihres Kunden herauszuarbeiten und eine Preis-Leistungslösung zu finden, mit der beide Seiten gut leben können. Ihr Schwerpunkt ist weder verkaufs- noch beratungslastig. Sie haben die Mitte gefunden und verstehen sich als Beziehungsmanager, der im gemeinsamen Dialog mit dem Kunden die beste Lösung für ihn herbeiführt.

Wenn Sie die Rolle des Beziehungsmanagers verinnerlicht haben und diese Einstellung auch mit Überzeugung vertreten, ist bereits ein großer Schritt getan, um Ihre erfolgreiche Zukunft als Verkäufer im Unternehmen zu sichern. Ihre Kunden werden Ihre Haltung begrüßen und sich von Ihnen verstanden fühlen. Der moderne, gut informierte Verbraucher, der Vergnügen an einer „taffen" Diskussion um den Preis findet, wird Sie sofort als kompetenten Gesprächspartner identifizieren und Ihnen positiv begegnen. Versuchen Sie also unbedingt, an Ihrer Einstellung Ihren Kunden gegenüber zu arbeiten, wenn Sie festgestellt haben, dass Sie noch Verhaltensmuster traditioneller Verkaufsstile mit sich herumtragen.

Bedenken Sie dabei aber immer: Sie müssen sich nicht von innen nach außen umkrempeln, um sich an die neuen Gegebenheiten anzupassen. Sie sollten nur einige eingefahrene Muster modifizieren. Die klassischen Phasen des herkömmlichen Verkaufsgespräches bleiben Ihnen als Ankerpunkte nach wie vor erhalten.

Wie begrüßen Sie Ihre Kunden?

Sie haben also erfolgreich an Ihrer grundsätzlichen Einstellung dem Kunden gegenüber gearbeitet und alle nötigen Voraussetzungen geschaffen, um bei Ihren Käufern auf den ersten Blick einen möglichst guten Eindruck zu hinterlassen. Erst jetzt beginnt die Phase der Worte. Sie treten mit Ihrem Kunden in den persönlichen Dialog.

Die Begrüßung ist der Einstieg.

Welche Worte wählen Sie gewöhnlich, wenn Sie einen neuen Kunden im Unternehmen begrüßen? Viele Verkäufer folgen bei der Begrüßung bestimmten Ritualen, die Sie bei jedem Kunden wiederholen. Vorsicht, die Gefahr dabei ist groß, dass die Grußworte zu einer Routinefloskel werden, die dann beim Kunden auch entsprechend gelangweilt ankommt. Besser ist es deshalb, die ersten Sätze immer wieder einmal zu variieren. Haben Sie einen Stammkunden vor sich, wird es Ihnen sicher nicht schwer fallen, ihn ganz individuell zu begrüßen: *„Guten Morgen Herr XY, ich freue mich, Sie zu sehen!"* Oder: *„Sind Sie schon vom Urlaub zurück? Schön, dass Sie bei uns vorbeischauen!"*

Bei Neukunden ist es schon nicht mehr so leicht, die Anfangsworte ganz individuell auszuwählen. Dabei hilft Ihnen, Ihr Einfühlungsvermögen und Ihre Erfahrung als Verkäufer. Je nach Kundentyp können Sie den Einstieg lockerer oder förmlicher ausfallen lassen. Wie der potentielle Käufer haben ja auch Sie sich bereits Ihren ersten Eindruck vom Kunden gebildet und werden diesen für Ihre Begrüßung verwerten.

„Guten Tag, ich sehe, Sie interessieren sich für Modell XY. Da werde ich Ihnen gleich den aktuellen Prospekt dazu bringen…"

„Ist das nicht ein sehr schönes Fahrzeug? Da haben sich die Designer wieder einmal selbst übertroffen. Darf ich mich vorstellen, ich bin…"

Vermeiden Sie möglichst folgende Standardbegrüßungsfloskel: *„Guten Tag, kann ich Ihnen helfen?"* Auf diesen „ausgeleierten" Satz reagieren viele junge Kunden allergisch. Außerdem passt diese Begrüßung nicht zu selbstbewussten, aufgeklärten Kunden: Die lassen sich nicht mehr helfen! Wenn Sie schon hin und wieder auf eine „abgespeckte" Begrüßungsversion zurückgreifen, dann sagen Sie einfach: *„Guten Tag, was kann ich für Sie tun?"* (offene Frage).

Egal, welchen Einstieg Sie wählen, versuchen Sie bereits bei der Begrüßung, einen möglichst persönlichen Kontakt zum Kunden aufzubauen. Das erreichen Sie, indem Sie dem Neukunden Ihren Vor- und Zunamen nennen. Sagen Sie vielleicht: *„Mein Name ist…"*, das wirkt aber noch etwas unpersönlicher als zum Beispiel folgende Begrüßung: *„Herzlich willkommen, ich bin Axel Sonnenschein, was kann ich für Sie tun?"*

Der wichtigste Vorteil der namentlichen Vorstellung ist folgende Überlegung: Eine Kunde betritt einen Verkaufsraum. Er sucht zunächst einmal das Produkt seiner Wahl. Nur dafür interessiert er sich im ersten Moment. Nun kommt der Verkäufer auf den Kunden zu: *„Guten Tag, was kann ich für Sie tun?"* Die meisten Kunden antworten in der Praxis mit zwei Aussagen: *„Ich will mich erst umsehen!" „Ich suche xy!"*

Wer spricht miteinander?
Ein Verkäufer und ein Kunde. Im Grund kommunizieren also zwei „Funktionen"! Die Verkäuferfunktion mit der Kundenfunktion. Jeder erfüllt die Erwartung des anderen.

Was denkt ein Kunde über die Funktion „Verkäufer"?
Wenn wir diese Frage im Training stellen und eine spontane Antwort ver-

langen heißt es häufig: *„Haben keine Ahnung" „Stehen nur rum" „Wollen/ Müssen verkaufen" „Sind unfreundlich" „Sind nur am Abschluss interessiert".*

Was denken Verkäufer über „Kunden"?
Folgende Antworten hören wir von den Teilnehmern: *„Stehlen uns die Zeit" „Wollen nur Rabatt" „Wissen alles besser" „Nutzen unsere Hilfsbereitschaft nur aus".*

Sie werden jetzt denken, dass das alles im Tagesgeschäft nicht vorkommen kann – nun sprechen Sie das mal mit Ihren Kollegen und Freunden durch. Sie werden überrascht sein!

Nun die persönliche, namentliche Vorstellung: *„Guten Tag, mein Name ist Axel Sonnenschein, was kann ich für Sie tun?"* In der Regel (nicht ausschließlich) stellt sich der Kunde, gerade wenn Sie sich noch mit dem Vornamen vorstellen, mit seinen Namen. *„Guten Tag, Schneider, ich interessiere mich für …!"* vor.

Wer spricht jetzt miteinander?
Axel Sonnenschein mit Herrn Schneider.

Was weiß Herr Schneider von Axel Sonnenschein?
In der Regel außer dem Namen wenig oder gar nichts!

Was weiß Axel Sonnenschein von Herrn Schneider?
Nun, beide kennen sich nicht, also werden auch keine „programmierten Vorurteile" frei. Es sprechen zwei Persönlichkeiten miteinander, die sich nicht kennen. Folglich entsteht Neugier „Wer ist der andere?"

Wenn Sie die Empfehlungen im Vorfeld umgesetzt haben, ist die Chance riesig, dass diese Neugier zu einem Austausch gegenseitiger Fragen führt. Der „Verkäufer" interessiert sich für seinen „Kunden". Die Basis für Interesse und dadurch ausgelöste „Werstschätzung".

Testen Sie diese Form der persönlichen Vorstellung gleich beim nächsten Verkaufsgespräch. Lassen Sie sich durch erste Fehlschläge nicht entmutigen. Ihre Vorstellung wird gerade am Anfang etwas „holprig" verlaufen, unter Umständen haben Sie ja Jahre mit einer anderen Form der Vorstellung gearbeitet. Aber wenn Sie den Mut und die Disziplin haben, es mehrere Tage auszuprobieren und eine gewisse „Routine" bekommen, werden Sie sehen, wie sich bereits die ersten Minuten ihrer Verkaufsverhandlung nachhaltig ändern.

Achten Sie während der Begrüßung unbedingt auf Ihre Stimmlage. Sie unterstreicht Ihre Worte nicht nur, sondern hat auf die Wahrnehmung des Kunden einen erheblich größeren Einfluss als das gesprochene Wort allein. Ihre Stimm-Modulation übt eine nicht zu unterschätzende Wirkung auf Ihr Gegenüber aus. Wenn Sie Ihre durchaus gut gewählten Begrüßungsworte monoton wie ein Sprachcomputer herunterbeten, werden Sie bei Ihrem Kunden keine Sympathiepunkte ernten. Modulieren Sie deshalb Ihre Sätze. Lassen Sie sie von Herzen kommen. Achten Sie darauf, dass Sie bei der Begrüßung am Ende des Satzes mit der Stimme nach oben gehen. Das erzeugt Lebendigkeit und eine positive Erwartung beim Kunden. Wenn Sie dagegen Ihre Stimme von Satz zu Satz in Grabestiefe abwandern lassen, kann sich der Kunde schon denken, wie hocherfreut Sie über seinen Besuch sind und wie motiviert, ihn beraten zu dürfen.

Noch mehr Einfluss übt der Ausdruck Ihrer Körpersprache auf den Kunden aus. Wenn Sie die richtigen Worte wählen und diese auch noch möglichst stimmdynamisch zum Ausdruck bringen, ist der ganze Eindruck trotzdem dahin, wenn Sie dazu eine Trauermiene machen und dastehen wie ein Stockfisch. Also, denken Sie immer daran: Lächeln Sie und zwar von Herzen. Zeigen Sie dem Kunden, dass Sie sich wirklich über seinen Besuch freuen.

Das gilt übrigens auch dann, wenn ein Kunde an Ihren Arbeitsplatz herantritt und Sie unglücklicherweise gerade einen anderen Interessenten an der Strippe haben. Dieses Dilemma lösen Sie am besten, indem Sie sich von Ihrem Schreibtischstuhl erheben. Damit schlagen Sie zwei Fliegen mit einer Klappe: Erstens kommen Sie beim Telefonieren im Stehen schneller auf den Punkt. Das heißt, Telefongespräche im Stehen laufen im Allgemeinen zügiger und effizienter ab als gemütliche Plaudereien im Sitzen: Zweitens signalisieren Sie Ihrem herantretenden Kunden durch Ihr Aufstehen und indem Sie ihm gleichzeitig lächelnd zunicken, dass Sie ihn wahrgenommen haben, sich über sein Interesse freuen und alles unternehmen werden, ihm so schnell wie möglich zur Verfügung zu stehen.

Achten Sie vor allem bei der Begrüßung, aber auch während aller anderen Phasen des Verkaufsgespräches auf offene Gesten. Das heißt, halten Sie Ihre Arme möglichst oberhalb der Körpermitte und zeigen Sie Ihren Körper von vorn.

Gestikulieren Sie mit offenen Handflächen. Verstecken Sie Ihre Hände nicht, weder in den Taschen noch hinter dem Rücken. Beides könnte den Eindruck erwecken, dass Sie etwas zu verbergen haben. Nutzen Sie Ihre Hände, um das Gesagte zu unterstützen. Wenn Sie überhaupt nicht wissen, wo Sie Ihre Hände lassen sollen, dann nehmen Sie etwas Kleines, zum Beispiel einen Prospekt oder einen Kugelschreiber zur Hand.

Bewahren Sie einen aufrechten Blick, und signalisieren Sie damit Offenheit und Selbstbewusstsein. Vermeiden Sie es jedoch, Ihr Gegenüber intensiv „bohrend" anzustarren. Dieser Blick kann als Bedrohung interpretiert werden und eine Art Kräftemessen einleiten. Am besten: Schauen Sie dem Kunden nicht direkt in die Augen, sondern auf die Nasenmitte.

Ihre Körperhaltung sollte aufrecht und Ihrem Gegenüber zugewandt sein. Damit signalisieren Sie ihm Aufgeschlossenheit. Verschränken Sie nie die Arme vor dem Körper während des Verkaufsgesprächs. Diese Geste symbolisiert Selbstschutz und Verschlossenheit. Stützen Sie Ihre Hände nicht auf die Hüften. Das verstehen viele Menschen als Drohgebärde.

Und überrumpeln Sie Ihren Kunden bei der Begrüßung nicht gleich. Eine angemessene räumliche Distanz ist sehr wichtig. Wenn Sie ihm „zu nah auf den Pelz rücken", wird der Kunde dies als bedrängend oder zu intim empfinden. Liegt der Abstand zu Ihrem Gegenüber unter einer Armlänge (Watschengrenze), wahren Sie zu wenig Abstand. Aber auch wenn Sie eine zu große Distanz einhalten, zum Beispiel mehr als zwei Meter, werden dies die meisten Kunden als unangenehm empfinden. Sie wirken dann sehr distanziert und unpersönlich – keine gute Voraussetzung, um einen guten Draht zum Kunden aufzubauen.

Welche Bedeutung Ihre Stimme und Ihre Körpersprache im Verhältnis zu Ihren Worten haben, machen Ihnen folgende Zahlen deutlich (Gordon-Studie)*:

Menschen übermitteln Gefühle und Einstellungen

> *durch die Wahl der Worte*   zu 7 Prozent
> *durch ihre Stimme*   zu 38 Prozent
> *durch ihre Körpersprache*   zu 55 Prozent

* (Sehen Sie zu diesem Thema auch meine Literaturempfehlungen am Ende des Buches)

Nonverbale Signale hinterlassen also beim Gesprächspartner einen ungleich stärkeren Eindruck als rein verbale Äußerungen, weil er durch sie auf der emotionalen Ebene angesprochen wird. Und: Körpersprache unterliegt weit weniger der bewussten Kontrolle als der verbale Ausdruck und ist deshalb viel ehrlicher. Ihre Körpersprache ist sozusagen die „Begleitmusik" zur Sprache und gibt Ihren Worten erst die eigentliche Bedeutung.

Wie bauen Sie eine vertrauensvolle Beziehung zu Ihren Kunden auf?

Sie haben die erste Hürde genommen und den Kunden angesprochen. Jetzt erst beginnt die wichtige Phase der Vertrauensbildung, auch Warm-up-Phase genannt. Nun können Sie Ihre emotionale Kompetenz als

Verkäufer beweisen. In dieser Phase helfen Ihnen keine vorgefertigten Verkaufsargumente. In diesem Augenblick ist ausschließlich Ihre Einfühlungsvermögen und Ihre Menschenkenntnis gefragt. Das sind Grundvoraussetzungen, die nur schwer erlernbar sind und die jeder erfolgreiche Verkäufer in einem mehr oder minder ausgeprägten Maß als Voraussetzung mitbringt.

Neben einer gleich bleibend freundlichen und herzlichen Art, die Sie Ihren Kunden glaubwürdig während des gesamten Verkaufsgespräches vermitteln sollten, ist Ihr Einfühlungsvermögen deshalb so wichtig, weil gerade der neue Kunde sehr viel Wert darauf legt, von Ihnen ganz individuell behandelt zu werden. Die Zeiten der Massen-Konsum-Gesellschaft sind längst vorbei. Viele Kunden haben das Verlangen bei Ihrem Einkauf etwas zu erleben. Dieses Bedürfnis nach Spannung und Abwechslung ist um so ausgeprägter, als es sich bei einem Auto-, Möbel-, Textil- und Schmuckkauf nicht um ein Versorgungsgut handelt, wie es zum Beispiel der tägliche Lebensmitteleinkauf ist, sondern um etwas ganz Besonderes: Die meisten Ihrer Kunden kommen zu Ihnen, um sich einen langgehegten Wunsch zu erfüllen. Wenn sie die Schwelle zu den Verkaufsräumen Ihres Unternehmens betreten, sind sie ihrem Traum bereits ganz nah. Vorfreude und Spannung erfüllt sie. Und schon allein das Verkaufsgespräch nimmt einen Teil des Genusses vorweg, bald der Besitzer eines „ersehnten Produktes" zu sein.

Was für eine Ernüchterung, wenn der Kunde dann einem Verkäufer gegenübersteht, der ihn so lustlos und gelangweilt berät, als würde er das 100. Brötchen am Tag verkaufen. Schließlich – so denken Kunden – investiere ich eine enorme Summe. Das allein ist schon Grund genug, um einen bestmöglichen Service erwarten zu können. Auch wenn es Ihnen manchmal schwer fallen mag. Lassen Sie deshalb niemals negative Routine bei Ihren Kundengesprächen aufkommen. Versuchen Sie, jeden Ihrer Kunden ganz individuell zu beraten. Geben Sie Ihrem Kunden das Gefühl, er sei etwas Einzigartiges. Damit liegen Sie immer richtig. Denn der Verbraucher von heute fühlt sich als einmalig und er hat es am liebsten mit einmaligen Verkäufern zu tun, die es verstehen, auf seine Individualität einzugehen. Er liebt Natürlichkeit und Spontaneität, weil das seinem Bedürfnis nach Erlebniskaufen am meisten entgegen kommt.

Mit diesem Hintergrundwissen ist es sehr leicht nachzuvollziehen, warum viele Kunden, ohne viel Federlesen zu machen, zur Konkurrenz abwandern, wenn Ihnen nicht gleich die entsprechende Aufmerksamkeit entgegengebracht wird. Wenn Sie jedoch den Erwartungen Ihrer Klientel nach Individualität, einem anregenden Verkaufsgespräch und einer spannenden Präsentation entgegenkommen, haben Sie schon fast gewonnen.

In der Warm-up-Phase, die nicht viel länger als 1 bis 3 Minuten dauern soll, tasten Sie sich zunächst an die Grundstruktur des Kunden heran. Sie versuchen, möglichst schnell herauszufinden, um welchen Motivationstyp es sich bei Ihrem Gegenüber handelt. In der einleitenden Gesprächsphase „schießen" Sie sich auf Ihren Kunden ein, machen sich bewusst, mit wem Sie es zu tun haben und bauen dann auch die weiteren Argumentationsketten auf diesem Grundmuster auf. In dieser ersten Phase des Gesprächs reden Sie mit Ihrem Kunden noch nicht über das Produkt oder gar Ausstattungs-Details. Jetzt geht es erst einmal um die berühmte „Chemie", um das gegenseitige Beschnuppern.

Den so genannten **Prestige- oder Statustyp** erkennen Sie meist schon an seinem teuren und edlen Outfit. Für ihn ist das wichtigste Kaufmotiv die soziale Anerkennung. Dieser Kundentyp strebt nach Überlegenheit, nach Statussymbolen und persönlicher Geltung. Je teurer, desto besser ist seine Devise. Und besonders bei ihm ist eine individuelle Behandlung sehr wichtig. Lassen Sie den Kunden seine Kaufmotive im Warm-up-Gespräch wieder finden. Weisen Sie auf die wertvolle Ausstattung des Produktes hin, auf die besondere Verarbeitung. Vielleicht können Sie Referenzkäufer aus gehobenen Gesellschaftsschichten nennen. Oder Sie beschreiben, was für ein ganz besonderes Privileg es ist, gerade dieses Produkt aus Ihrem Hause zu besitzen.

Dem **Besserwisser oder „rechteckigen" Kundentyp** ist seine Selbstachtung am wichtigsten. Er ist pünktlich, exakt und prinzipientreu – Maßstäbe, die er auch an einen guten Verkäufer anlegt. Er hat eine negative Grundeinstellung und ist ein schwieriger Verhandlungspartner, weil er meistens das berühmte Haar in der Suppe sucht. Deshalb müssen Sie viel behutsame Argumentationsarbeit leisten. Er zeichnet sich durch Kompromisslosigkeit und Rechthaberei aus und ist sehr schwer zu überzeugen. Lassen Sie sich von einem solchen Kunden nicht entmutigen. Gehen Sie auf seine Grundstruktur ein. Beweisen Sie ihm schon während der ersten Phase des Verkaufsgesprächs Ihre Zuverlässigkeit und Fachkompetenz. Machen Sie alle wichtigen Details so transparent wie möglich. Mit Ausdauer und Geduld werden Sie so nicht nur einen guten Abschluss machen, sondern auch einen Stammkunden gewinnen.

Der **Gefühls- oder Vertrauenstyp** wird Sie dann zu seinem Lieblingsverkäufer küren, wenn Sie es schaffen, ihm den Eindruck zu vermitteln, dass er Ihnen am meisten vertrauen kann. Bei ihm ist eine gewisse Unselbständigkeit und Unentschlossenheit festzustellen. Er sucht Unterstützung bei seiner Kaufentscheidung und möchte sich auf Ihren Rat verlassen können. Private Themen wie Familie oder Urlaub sind bei diesem Kunden sehr beliebt. Wenn Sie diesem Käufer emotionale Wärme bieten und Zuverlässigkeit beweisen, können Sie auch in ihm einen treuen Dauerkunden gewinnen.

Der **unabhängige Individualist** hingegen trifft gern selbständige Entscheidungen. Er ist meist hervorragend vorinformiert und beweist erstaunlich viel Fachwissen. Immer mehr aufgeklärte, moderne, vor allem auch jüngere Verbraucher sind diesem Kundentypus zuzuordnen. Genießen Sie diesen Käufer als kompetenten Diskussionspartner, der Ihnen Ihr ganzes Know how abverlangt. Allerdings werden Sie ihn als Kunden immer wieder neu erobern müssen. Er hält nicht besonders viel von Stammkundentreue.

Unter dieser Kundenklientel ist übrigens ein sehr hoher Anteil an Rabattjägern oder so genannten Smart Shoppern zu finden. Das sind Verbraucher mit einer meist sehr guten Ausbildung, die über ein hohes Einkommen verfügen. Laut einer Untersuchung des Einzelhandelsverbandes

Nordrhein-Westfalen haben heute schon über 70 % der „Besserverdiener" Spaß am Rabattgespräch. Das heißt, für sie ist das Feilschen um den Preis, Teil ihres ganz besonderen Kauferlebnisses. Und es werden immer mehr, die diesen „Kick" im Gespräch mit dem Verkäufer suchen! Mit einem Netto-Haushaltseinkommen über 2.250 Euro zählt dieses Kundenklientel zum potentiellen Anwärterkreis für fabrikneue Automobile, hochwertige Bekleidung, gehobene Gastronomie, Markenartikel aus allen Bereichen und Dienstleistungen. Er stellt somit eine große Chance und gleichzeitig ein extremes Risikopotential für jeden Händler dar. Denn diese Kunden-zielgruppe ist äußerst kritisch und achtet verstärkt auf ein ausgewogenes Preis-/Leistungsverhältnis. Sie lebt nach dem Media-Markt-Slogan: „Ich bin doch nicht blöd"… anderswo mehr zu bezahlen, wenn ich das gleiche Produkt mit demselben Service beim Konkurrenten preiswerter bekommen kann! Wenn Sie diesem Kunden nicht mit ausgeprägter Professio-nalität – und dazu gehört auch ein gehöriges Maß an Verständnis für die-sen besonderen Verbrauchertypus – entgegentreten können, schlägt das Kauferlebnis, das der jeweilige Kunde ohne Zweifel sucht, in negative Stimmung um. Konsequenz: Er konzentriert sich knallhart nur noch auf die Preisverhandlung und bleibt erbarmungslos auf seinen Rabattforde-rungen bestehen oder er wendet sich kommentarlos von Ihnen ab und geht zum Wettbewerb. Unter Umständen hat er auch vollständig „die Nase voll" von Verkäufern und tätigt seinen Kauf ausschließlich über das Internet.

Wenn Sie es mit einem **routinierten Profi-Smart-Shopper** zu tun haben, können Sie ihn sofort an folgendem Merkmal identifizieren: Er wartet nicht erst die klassischen Phasen eines Verkaufsgesprächs ab und steigt zum Schluss in die Preisverhandlungen ein. Nein, er ist viel zu ungedul-dig und nimmt die Abschlussphase aus eigener Initiative gleich vorweg. Bereits in der Warm-up-Phase, in der Sie noch behutsam versuchen, ein Vertrauensverhältnis zu ihm aufzubauen, bringt er ganz unvermittelt den Preis ins Spiel. Ganz ausgekochte Smart Shopper stellen die Preisfrage übrigens gleich bei der Begrüßung. Der Profi-Rabattjäger wird Ihnen schnell zu verstehen geben, dass er bereits bestens informiert ist, schon einige Vergleiche bei anderen Händlern angestellt hat und jetzt dem Anbieter den Zuschlag geben wird, der ihm im Preis am weitesten entgegenkommt. Lassen Sie sich von solchen Zeitgenossen nicht ins Bockshorn jagen. Erstens sind nicht alle Smart Shopper so „taff", dass Sie sie sofort erbarmungslos überrumpeln und zweitens gebe ich Ihnen wirksame Strategien zur Hand, wie Sie einem solchen Kundenexemplar professionell begegnen können. Und zwar, ohne ihm seine überhöhten Forderungen voll zu gewähren, aber auch ohne ihn gänzlich zu verprellen und an die Konkurrenz zu verlieren.

In der Begegnung mit dem Smart Shopper sollten Sie eine wichtige Information über ihn immer berücksichtigen: Nicht nur Sie als Mitarbeiter am Point of Sale stehen unter Verkaufs- und Preisdruck. Auch Ihr Smart-Shopper-Kunde fühlt sich unter einem massiven Druck, den bestmöglichen Rabatt für sich herauszuschlagen. Denn ihn treibt es in den Handel, mit dem Ziel, eventuell doch noch ein, zwei Prozentpunkte mehr herauszuschlagen als der Nachbar, der Arbeitskollege oder der beste Freund. Und dieser hat nach bester Smart-Shopper-Manier bei seinen Erzählungen in aller Regel auch schon ein paar Pünktchen auf sein tatsächliches Verhandlungsergebnis draufgelegt. Erreicht er das angestrebte Preisziel bei Ihnen nicht und kauft er zu einem höheren Preis, halten die anderen ihn – so denkt er – vielleicht für blöd! Deshalb wird er Ihnen sofort besonders selbstbewusst entgegentreten und Ihr, in seinen Augen bescheidenes, Nachlassangebot vielleicht folgendermaßen kommentieren: *„Da habe ich aber schon von wesentlich mehr Rabatt gehört. Mein Kollege erhielt bei seinem Kauf X Prozent!"* Solche oder ähnliche Äußerungen, entsprechend überzeugend formuliert, lassen den Kunden informiert und aufgeklärt erscheinen. Man könnte meinen, einen besonders ausgeschlafenen Kunden vor sich zu haben. Häufig handelt es sich aber nur um einen aus der Luft gegriffenen Prozentsatz, der einen realistischen Hintergrund entbehrt.

Ganz wichtig: Bleiben Sie auch in dieser Phase Ihrer Verhandlung freundlich und verbindlich. Lassen Sie sich niemals anmerken, dass Sie die Forderung des Kunden für unverschämt halten. Denn wenn Sie das Aggressionspotential Ihres ohnehin unter Rabattstress stehenden Kunden durch

Unfreundlichkeit erhöhen, werden seine Forderungen noch um einiges härter ausfallen.

Fühlen Sie sich deshalb von einem solchen Kunden nicht gleich bedroht oder angegriffen, sondern helfen Sie ihm bei seiner schwierigen Aufgabe, sein Gesicht vor sich selbst und den anderen zu wahren. Versuchen Sie, trotz der angespannten Situation ein maximales Wohlfühlen bei Ihrem potentiellen Käufer zu erzielen. Dann ist es ihm meist schon nicht mehr so leicht möglich, unerhörte Nachlässe von Ihnen zu fordern. Geben Sie ihm am Ende des Gesprächs das Gefühl, ein ganz besonderes Verhandlungsergebnis erzielt zu haben. Machen Sie ihm Komplimente für seine geschickte Verhandlungstaktik. Und versichern Sie ihm zum Schluss, dass es Ihnen eine Freude war, mit so einem aufgeklärten und kritischen Kunden verhandelt zu haben. Damit haben Sie Ihrem Kunden das Kauferlebnis beschert, das für ihn so wichtig war. Jetzt können Sie davon ausgehen, dass er auch im Anschluss an den Kauf mit keinen nachträglichen Forderungen auf Sie zukommen wird. Getreu dem Motto: Vielleicht ist ja doch noch was drin?

Gehen wir aber erst einmal davon aus, dass Sie es nicht mit einem klassischen Smart Shopper zu tun haben, sondern mit einem Kunden, der erst zum gegebenen Zeitpunkt, also während der Abschlussphase auf den Preis zu sprechen kommt. In diesem Fall haben Sie ausreichend Zeit, den entsprechenden Kundentyp zu analysieren und die Warm-up-Phase erfolgreich abzuschließen.

2.3 | Die Bedarfsanalyse, besser Wunschermittlung

Sie haben Ihren Kunden richtig eingeschätzt und eine tragfähige Vertrauensbasis zu ihm aufgebaut. Vielleicht konnten Sie ihn auch schon neugierig machen auf das, was im weiteren Gesprächsverlauf auf ihn zukommt. Spannung beim Kunden zu erzeugen, ist ein wichtiges Instrument in einem guten Verkaufsgespräch. Denn je gespannter Ihr Gesprächspartner darauf ist, was Sie ihm zu sagen haben, desto intensiver wird er auf Ihre Argumentationskette eingehen. Jetzt jedenfalls ist der richtige Zeitpunkt gekommen, um mit ihm alle emotionalen Belange und Wünsche durchzusprechen. Wenn Sie es nicht mit einem hundertprozentig smarten Rabattjäger zu tun haben, wird das endgültige Preisgespräch noch auf sich warten lassen. Und Sie haben nun Gelegenheit, mit Ihrem Kunden in Ruhe seine konkreten Vorstellungen, was das gewünschte Produkt anbelangt, auszuarbeiten.

Grundvoraussetzung für Ihre erfolgreiche Wunschermittlung beim Kunden ist eine professionelle Vorbereitung. Alle für Ihr Verkaufsgespräch relevanten Prospekte sollten Sie an Ihrem Arbeitsplatz sofort griffbereit haben. Idealerweise können Sie über Ihren PC in Sekundenschnelle, die für Ihren Kunden interessanten Informationen wie zum Beispiel Preise, Liefertermine usw. abrufen. Ziel vieler Hersteller ist die totale Computervernetzung mit den Händlern. Das bedeutet für Sie, dass Sie zu jeder Minute mit aktuellem Zahlenmaterial aus der Zentrale des Herstellers versorgt werden. Ihr Kunde braucht auf Informationen nicht mehr zu warten, sondern erhält Sie sofort und zuverlässig am P.O.S. direkt von Ihnen.

Beachten Sie die 9 Regeln der Kommunikation

In der Phase der Wunschermittlung konkretisieren und spezifizieren Sie das Bild, das Sie bis jetzt von Ihrem Kunden gewonnen haben. Jetzt ist eine konzentrierte und intensive Kommunikationsarbeit erforderlich, um die

Vorstellungen des Käufers genau herauszuarbeiten. Deshalb möchte ich Ihnen an dieser Stelle noch einmal genau vor Augen führen, wie Kommunikation im Verkaufsgespräch funktionieren sollte und welche Kommunikationstechniken zum Erfolg führen. Folgende 9 Regeln sind bei jeder Wunschermittlung, aber auch grundsätzlich bei jeder Art von Kommunikation zu beachten:

1. *Versuchen Sie immer, sich in die Lage des anderen zu versetzen.*
Wenn Sie Ihrem Gesprächspartner viele Fragen stellen und sich mit Ratschlägen und vorgefertigten Antworten zurückhalten, erreichen Sie das am besten.

2. *Hören Sie Ihrem Kunden (bis zum Ende) zu.*
Das klingt zwar banal, ist es aber nicht. Sie kennen sicher auch diese ganz bestimmten Zeitgenossen, die immer schon vorher wissen, was Sie sagen wollen und Sie bereits unterbrechen, bevor Sie Ihren Satz zu Ende gesagt haben. Begehen Sie diese Todsünde in Ihren Kundengesprächen nie. Hören Sie in Ruhe und ganz bewusst zu. Erstens dankt Ihr Kunde es Ihnen, indem er Ihnen die Verkaufsargumente auf diese Weise automatisch selbst liefert. Und zweitens vermitteln Sie ihm das Gefühl, dass Sie wirklich an seiner ganz persönlichen Aussage interessiert sind.

3. *Missachten Sie die Gefühlsebene nicht.*
Auch wenn in der Phase der Wunschermittlung vorwiegend scheinbar objektive Sachverhalte wie Zahlen, Daten und Fakten angesprochen werden, sollte Ihnen immer bewusst sein, dass Ihr Kunde seine Entscheidungen zum größten Teil nach emotionalen Kriterien trifft. Denn generell gilt für jede Kaufentscheidung: Rationales Verhalten stellt nur die Spitze des Eisbergs aus einer Summe von bestehenden Motiven dar. Und dieses Prinzip gilt natürlich vor allem auch beim Kauf eines höherwertigen Produktes. Der letztendliche Kaufentschluss des Kunden leitet sich zum Hauptteil aus emotionalen Beweggründen ab, die der Kunde nicht immer freimütig nach außen tragen wird. Die so genannte Eisbergtheorie postuliert, dass sich menschliches Verhalten lediglich zu 15 Prozent auf rationale Rechtfertigungen zurückführen lässt. 85 Prozent der Verhaltensan-

reize entspringen dagegen dem Unterbewusstsein (siehe Abbildung Eisbergtheorie Seite 129).

Das bedeutet, entweder sind dem jeweiligen Kunden seine tieferliegenden gefühlsmäßigen Motive gar nicht bewusst oder aber er will Sie nach außen nicht unbedingt transparent machen. Vielleicht versucht er zum Beispiel, sein Bedürfnis nach Status und Anerkennung hinter irgendwelchen rationalen Argumenten zu verbergen. Für Sie als Verkäufer leitet sich aus dieser Tatsache jedenfalls nur eine Erkenntnis ab: Vom ersten bis zum letzten Augenblick Ihres Kundengesprächs ist Ihr Talent in Sachen Empathie gefragt. Ihre Aufgabe ist es, die wirklichen emotionalen Motive Ihres Kunden möglichst schnell zu erkennen, um Sie folgerichtig in die Wunschermittlung einfließen zu lassen.

4. Zeigen Sie keine Angst vor Offenheit.
Wenn Sie zum Beispiel das Gefühl haben, ein bestimmter vom Kunden präferierter Fahrzeugtyp passe nicht so gut zu seinen Vorstellungen, dann äußern Sie Ihre Bedenken. Sprechen Sie auch eventuelle negative Aspekte eines Produktes oder einer Zubehörvariante an. Sie können sicher sein, dass der Käufer Ihre Offenheit und Ehrlichkeit anerkennt und sich gut beraten fühlt.

5. Legen Sie eigene Sperren offen.
Sprechen Sie auch über Ihre Gefühle oder wie Sie die Äußerungen des Kunden widerspiegeln. Melden Sie ruhig Zweifel an, ob Sie die Aussagen Ihres Gegenübers vielleicht in dem einen oder anderen Bereich missinterpretiert haben. Fragen Sie noch einmal nach. Steigen Sie mit Ihrem Kunden in eine offene und partnerschaftliche Diskussion ein, und zeigen Sie die Bereitschaft, im Gesprächsverlauf auch eigene Denkblockaden aufzulösen.

6. Machen Sie eigenverantwortliche, klare Ich-Aussagen.
Viele Verkäufer verfallen der Angewohnheit, im unpersönlichen „Man-" oder „Wir-alle-Stil" zu kommunizieren. Begehen Sie diesen Fehler in Ihren Gesprächen nicht. Diese Art der Kommunikation wirkt immer dis-

tanziert und Sie verlieren an Glaubwürdigkeit, weil Sie Ihrem Gegenüber signalisieren, dass nicht Sie ganz persönlich hinter Ihren Aussagen stehen. Zeigen Sie Profil, und machen Sie Ich-Aussagen. Das schafft beim Kunden Vertrauen in die Stärke Ihrer Verkäufer-Persönlichkeit.

7. Drücken Sie sich leicht verständlich aus.
Vermeiden Sie Fachchinesisch, es sei denn, Sie haben es mit einem Profi-Kunden zu tun, der Spaß an einer Fachdiskussion hat. Weniger ist meist mehr: Beschränken Sie sich immer auf die wichtigsten Fakten, und verlieren Sie sich nie im Technik- und Zahlendschungel. Das verwirrt Ihren Kunden nur. Verlieren Sie die Kaufmotive Ihres Gegenübers und damit den roten Faden nie aus den Augen. Drücken Sie sich klar und inhaltlich zusammenhängend aus.

8. Geben Sie Ihrem Kunden ehrliches Feedback.
Bleiben Sie während des Verkaufsgespräches immer authentisch. Das heißt, geben Sie Ihrem Gegenüber das Gefühl, dass Sie ihn wohlwollend beraten. Reden Sie ihm nicht permanent nach dem Mund, sondern widersprechen Sie auch, wenn Sie finden, es sei angebracht. Halten Sie aber auch nicht mit positivem Feedback hinter dem Berg, wenn Sie mit ihm einer Meinung sind.

9. Demonstrieren Sie eine partnerschaftliche Einstellung.
Machen Sie weder vor Ihrem Kunden einen „Kniefall" noch kehren Sie den großen Fachguru heraus. Nehmen Sie die Informationen Ihres Käufers oder sogar sein vorhandenes Fachwissen interessiert auf, und lassen Sie partnerschaftlich und unaufdringlich Ihr Expertenwissen in das Gespräch einfließen.

Praktizieren Sie aktives Zuhören

Die Phase der Wunschermittlung zeichnet sich dadurch aus, dass sie etwas von Ihrem Gesprächspartner erfahren wollen. Jetzt ist für Sie vor allem Zuhören angesagt. Doch gerade Zuhören will gelernt sein. Wenn Sie zum

Beispiel Ihrem Kunden beim Hinhören nur schweigend gegenübersitzen, während er Ihnen beschreibt, wie die Ausstattung seines Produktes aussehen soll, ist Ihr Verhalten für den Kunden nicht eindeutig erkennbar. Er könnte Ihr Verhalten auch als Desinteresse oder Unaufmerksamkeit interpretieren. Damit Sie dem anderen signalisieren können, dass Sie das Gesagte aufmerksam verfolgen, müssen Sie nicht nur zuhören, sondern aktiv zuhören. Aktives Zuhören dient der Informationsgewinnung. Durch die Art, wie Sie Ihrem Gesprächspartner zuhören, signalisieren Sie ihm, ob Sie ihn akzeptieren, ablehnen oder ob er Ihnen einfach gleichgültig ist.

Als „aktiver Teil" im Kundengespräch können Sie dem Kunden ganz bewusst Ihre Wertschätzung übermitteln, indem Sie in bestimmter Weise kommunizieren und dabei spezielle Techniken wie zum Beispiel aktives Zuhören und Fragen anwenden. Achten Sie dabei immer darauf, nicht den Fehler zu begehen, in Gedanken bereits mit der eigenen Meinung und mit der Formulierung Ihrer Argumente beschäftigt zu sein, während Ihr Kunde noch redet.

Aktives Zuhören

> heißt, Ihrem Gegenüber durch aufmerksames Zuhören, aktives Nachfragen und Überprüfen des eigenen Verständnisses Offenheit, Interesse und Verständnis zu signalisieren.

> ermöglicht Ihnen, Ihren Kunden und dessen genauen Bedarf näher kennen zu lernen, was Ihnen die Einschätzung und Beurteilung der Gesprächssituation erleichtert.

> schafft eine positive Beziehung zu Ihrem Gesprächspartner. Er kann sich besser öffnen und übernimmt automatisch „Kommunikationsaufgaben", indem er mit zusätzlichen und ergänzenden Informationen zur Klärung seines Bedarfs beiträgt.

Wenn Sie in Ihren Verkaufsgesprächen aktiv zuhören, kommen Sie schneller und leichter Missverständnissen und Unklarheiten auf die

Schliche. Meistens bewirkt eine Wiederholung des Gesagten – ohne dass Sie die Aussage Ihres Gegenübers jedoch bewerten – eine Klärung. *„Habe ich Sie richtig verstanden, dass gerade die einfache Bedienung des Videorecorders von entscheidender Bedeutung/Wichtigkeit für Sie ist?"* Wenn Sie sich also im Zweifel sind, ob Sie Ihren Gesprächspartner richtig verstanden haben, sollten Sie rückformulieren. Das heißt, Sie wiederholen das, was der andere gesagt hat – dem Inhalt oder der Bedeutung nach. Sie machen sozusagen eine Feststellung im Namen Ihres Kunden. Beispiel: *„Sie wünschen also zusätzlich eine Fernbedienung. Die Gehäusefarbe Schwarz wollen Sie aber so beibehalten?"* Fordern so den Kunden auf, seinen Standpunkt noch einmal genau zu definieren. Ihre Rückformulierungen signalisieren dem Kunden, dass Sie …

> mitdenken und sich mit seinen Problemen beschäftigen
> bestrebt sind, ihn zu verstehen
> an seinen Bedürfnissen und Gefühlen interessiert sind
> nicht über ihn urteilen, sondern ihm akzeptierend zuhören

Aktives Zuhören gibt Ihnen die Möglichkeit, den Bedarf Ihres Kunden und damit alle seine Wünsche, das Produkt betreffend, genau kennen zu lernen. Aktives Zuhören zeichnet sich durch folgende Merkmale aus:

> offene Körperhaltung
> direkten Blickkontakt
> dem Kunden in seinen Gedanken folgen
> sich selbst zurücknehmen
> den Kunden ausreden lassen
> Verständnisfragen und weiterführende Fragen
> Signale geben, dass Sie den anderen verstanden haben (mimisch, gestisch, sprachlich), z.B. durch Nicken oder sagen von *„hmm"*, *„ja"* usw.
> mit eigenen Worten zusammenfassen, was der andere gesagt hat, um Ihr eigenes Verständnis des Gesagten zu überprüfen. *„Ich fasse noch einmal zusammen: Das Modell 4711 von VW in blau-metallic mit der Evolution-Ausstattung und Automatik entspricht Ihrer Vorstellung"*.

Voraussetzungen für aktives Zuhören sind Ihr Bestreben, den Kunden zu verstehen, Ihr Interesse an seiner Person sowie eine akzeptierende, wertschätzende Haltung.

Vorsicht! Vermeiden Sie auf jeden Fall folgende Todsünden, wenn Sie mit Ihrem Kunden verhandeln. Es sind klare Signale von Desinteresse und Nichtverstehen für Ihr Gegenüber:

> Themenwechsel ohne Erklärung
> abgewandter oder abgelenkter Blick
> Kopfschütteln
> Zurücklehnen
> verschränkte Arme
> sofortige Einwände (*„Ja, aber…"*)
> abfällige, zweifelnde Äußerungen (*„Ach was!?"*)
> Verneinung der Gefühle des anderen (*„Das meinen Sie doch nicht wirklich!"*)
> Verhaltensinterpretationen (*„Sie tun das, weil…"*)
> verallgemeinernde Feststellungen (*„Man wird wütend, wenn…"*)
> überredende Ratschläge oder Vorwürfe (*„Sie sollten lieber…"; „Wie können Sie nur…"*)

Geben Sie deshalb Ihrem Kunden, gerade während der Wunschermittlung, eindeutige Signale, dass Sie sich mit ihm und seinen Bedürfnissen auseinandersetzen.

Beginnen Sie Ihre Sätze zum Beispiel folgendermaßen:

> *„Sie denken, dass…"*
> *„Sie haben das Gefühl, dass…"*
> *„Es scheint Ihnen…"*
> *„Habe ich Sie richtig verstanden, dass Sie…"*
> *„Sind Sie der Meinung, dass…"*

Fragen Sie Ihre Kunden richtig

Um bei der Wunschermittlung mit dem Kunden schnell auf einen gemeinsamen Nenner zu kommen, ist es von Vorteil wenn Sie das Instrumentarium der Fragetechnik beherrschen. Und Sie sind einen Schritt voraus, wenn Sie Ihren Kunden etwas „andere" Fragen stellen als es Ihr Markenkollege tut. Denn wenn Sie im Wettbewerb um den Kunden die Nase vorne haben wollen, müssen Sie sich immer wieder etwas anderes, Neues einfallen lassen. Seien Sie sich darüber bewusst, dass jeder Kunde durchschnittlich 2 bis 4 Unternehmen besucht, bis er sich definitiv für ein Produkt entscheidet.

Beispiele:

> ‣ *„Wohin geht Ihre erste Urlaubsfahrt mit dem neuen Wagen?"*
> ‣ *„Wenn Sie jetzt zu einer Fahrt starten könnten, wohin würden Sie am liebsten fahren?"*
> ‣ *„Was werden Ihre Nachbarn/Kollegen zu Ihnen sagen, wenn sie Sie mit dem neuen Wagen sehen?"*
> ‣ *„Wie lange haben Sie schon den Wunsch, ein neues Auto zu besitzen?"*

Treffen Sie während der Wunschermittlung so wenig Feststellungen und Behauptungen wie möglich, sondern stellen Sie Ihrem Kunden Fragen, Fragen und wieder Fragen! Gerade in dieser Gesprächsphase, in der Sie Genaueres über Ihr Gegenüber und seine „Sorgen" und Wünsche erfahren wollen, sind Sie auf Informationen angewiesen. Je mehr Sie sammeln können, desto detaillierter und vor allem treffender wird im Anschluss daran Ihr Lösungsvorschlag für den Kunden aussehen. Und was genauso wichtig ist: Je mehr Informationen Sie haben, desto besser können Sie argumentieren!

Wenn Sie die richtigen Fragen stellen, entspannen Sie den Gesprächsverlauf und geben Ihrem Kunden das Gefühl, dass Sie wirklich an ihm und seinen Bedürfnissen interessiert sind. Wenn Sie es falsch anpacken, erreichen Sie unter Umständen auch das Gegenteil: Ihr Kunde „macht zu" und ist nicht bereit, mehr als nötig von sich zu geben. Das heißt, die Art Ihrer Fragestellung hat einen entscheidenden Einfluss auf den Verlauf des Verkaufsgespräches und die Beziehungsebene zu Ihrem Kunden. Wenn Sie versuchen, Ihren Gesprächspartner mit einer geschlossenen Frage oder einer Suggestivfrage in eine bestimmte Richtung zu lenken, kann diese eine Ursache für Widerstände und damit für eine ungünstige Entwicklung des Gespräches sein. Andererseits kann in einer zeitlich knappen Situation auch eine solche Fragestellung sinnvoll sein. Auf jeden Fall sollten Sie sich immer darüber bewusst sein, was Sie mit den jeweiligen Fragen erreichen wollen.

Grundsätzlich unterscheidet man noch immer offene und geschlossene Fragen: Offene Fragen lassen keine einfache Antwort wie „ja" oder „nein" zu. Sie erfordern eine ausführliche Antwort und stecken im Allgemeinen einen weiten Rahmen ab. Außerdem liefern sie Ihnen in kurzer Zeit viele Informationen. Offene Fragen leiten Sie mit folgenden Fragewörtern ein: Was? Wie? Wann? Wer? Welche? Wofür? Womit? Wodurch? usw.

Beispiele:

> „*Was wissen Sie schon über das neue Modell?*"
> „*Welche Erfahrungen haben Sie mit der Sportausstattung gemacht?*"
> „*Wofür wollen Sie das Auto überwiegend nutzen?*"

Geschlossene Fragen werden normalerweise mit „ja" oder „nein" beantwortet. Sie können sie dann nutzen, wenn Sie präzise Informationen brauchen.

Für die konkrete Wunschermittlung beim Kunden sind für Sie vor allem folgende Fragetypen von Bedeutung:

> die Informationsfrage
> die Alternativfrage
> die Suggestivfrage
> die Gegen- oder Hinterfrage
> die rückversichernde Frage

Informationsfragen stellen Sie, um Bedürfnisse, Wünsche, Probleme und Meinungen Ihres Kunden zu ermitteln. Sie können diese offen oder geschlossen stellen.

Mit *Alternativfragen* geben Sie Ihrem Kunden eine gezielte Entscheidungshilfe. Gleichzeitig erreichen Sie beim Kunden das Gefühl, nicht überfahren zu werden, obwohl Sie ihn eigentlich in seiner ganz freien Wahlmöglichkeit einschränken.

Durch **Suggestivfragen** legen Sie Ihrem Kunden die Antwort förmlich in
den Mund. Damit können Sie das Gespräch in eine bestimmte Richtung
lenken. Aber Vorsicht: Wenn Sie dem Kunden dabei das Gefühl vermitteln, ihn zu sehr manipulieren zu wollen, riskieren Sie, eine Blockade aus-
zulösen.

Mit einer **Gegenfrage** können Sie eine verlorene Gesprächsinitiative wieder zurückgewinnen, aber auch Einwänden sehr gut begegnen. Bei der
Anwendung der Gegenfrage bestätigen Sie den Kunden zunächst, fragen
ihn dann jedoch zurück.

Mit **rückversichernden Fragen** oder so genannten Rückformulierungen
stellen Sie noch einmal sicher, ob Sie Ihren Kunden auch wirklich richtig

verstanden haben. Die Antwort auf eine rückversichernde Frage ist normalerweise „ja" oder „nein".

Beispiel:

„Habe ich Sie recht verstanden, dass Sie sowohl ein Finanzierungs-als auch ein Leasingangebot von mir wünschen?"

Mit gezielten Fragen und aktivem Zuhören haben Sie exakt die Wünsche Ihres Kunden ermittelt. Jetzt haben Sie alle Voraussetzungen zur Hand, ihm ein maßgeschneidertes Lösungsangebot zu unterbreiten, das dem Bedürfnis Ihres Kunden nach Individualität entspricht. Bedenken Sie immer: Eine professionelle Wunschermittlung ist die „halbe Miete". Sie garantiert die passgerechte Produktlösung und damit einen zufriedenen Kunden.

2.4 | Die Lösungspräsentation

In dieser Phase des Verkaufsgespräches ist Ihre Argumentationsstärke gefragt. Nun geht es für Sie als Verkäufer ans „Eingemachte". Je professioneller Sie die bisherigen Phasen des Verkaufsgesprächs durchschritten haben, und je besser Sie sich in die individuelle Situation und Persönlichkeit Ihres Kunden einfühlen konnten, desto weniger Widerstände werden jetzt in der Phase der Lösungspräsentation von Seiten des Käufers auftauchen. Vom ersten Augenblick der Begegnung an bis jetzt haben Sie Schritt für Schritt den Boden für diesen wichtigen Zeitpunkt Ihrer Verkaufsverhandlungen bereitet.

Trotzdem sollten Sie – auch wenn Ihre Vorbereitung bis zu diesem Punkt des Gesprächs noch so gut war – in dieser Phase vermehrt mit Einwänden Ihres Kunden rechnen. Sie haben noch einige Hürden bis zu einem erfolgreichen Abschluss zu nehmen. Und Gefahrenquellen und Stolpersteine gibt es zur Genüge.

Ein mögliches Hindernis sind zum Beispiel Sorgen oder Nöte des Kunden, die Sie bis zu diesem Zeitpunkt des Gespräches nicht ausgeräumt haben. Gehen Sie deshalb auf Einwände des Kunden ausführlich ein. In den meisten Fällen vermittelt der Käufer in dieser Phase des Verkaufsgesprächs seine Einwände zwar auf einer völlig objektiven Ebene. Meist verbergen sich jedoch hinter den vermeintlich rationalen Einwänden emotionale Widerstände, die im bisherigen Verlauf des Gesprächs noch nicht ausgeräumt wurden. Stellen Sie deshalb Ihre Gefühlsebene auf Empfang, und versuchen Sie, die emotionalen Hintergründe der Einwände zu identifizieren. Wichtig ist, dass Sie Ihren Kunden in seinem inneren Auseinandersetzungsprozess unterstützen und ihm zu einem emotionalen Konsens verhelfen.

Um die Einwände und Widerstände des Kunden für eine positive Kaufentscheidung nutzbar zu machen, sollten Sie folgende Hinweise beachten:

> Sprechen Sie Signale für Kaufwiderstände direkt an.

> Bemühen Sie sich durch aktives Zuhören um genaues Verständnis.

> Überlegen Sie, was Sie zur Beseitigung der Einwände und Zweifel beitragen könnten (offene Fragen stellen, Einwände konkretisieren lassen).

> Lassen Sie den Kunden eigene Eindrücke sammeln (*„Am besten, wir gehen jetzt einmal gemeinsam eine Probebestellung durch."*)

> Nehmen Sie unlösbar erscheinende Einwände zur Kenntnis. Lassen Sie diese bewusst „stehen", kommen Sie später aber auf alle Fälle darauf zurück.

> Setzen Sie Ihre sachlichen Gegenargumente nur bei unrichtigem oder mangelndem Informationsstand des Kunden ein.

> Stellen Sie Vergleiche an. Relativieren Sie (positiv).

> Schlagen Sie nur weitere Alternativen vor, wenn bestimmte Einwände nicht zu entkräften sind. (Verweyen, Erfolgreich akquirieren, S. 163)

Beachten Sie außerdem: Stellen Sie nie Behauptungen in den Raum, die Ihren Kunden betreffen. Sie manövrieren sich damit in eine Sackgasse, weil Sie ziemlich sicher mit einer Gegenbehauptung rechnen müssen. Zeigen Sie keine Unsicherheiten. Jetzt ist es besonders wichtig, dass Sie Ihre Fachkompetenz unter Beweis stellen und sämtliche wichtigen Zahlen, Daten und Fakten parat haben. Wenn Sie sich in diesem Bereich nicht als sattelfest erweisen, müssen Sie mit Angriffen durch den Kunden rechnen. Denn er erwartet bei seinem Kauf einen professionellen Verkäufer. Auch wenn Ihr Kunde noch so viele Fragen hat, die Sie zum Teil in einer früheren Phase des Gesprächs schon einmal beantwortet haben: Werden Sie nie ungeduldig oder vielleicht sogar unterschwellig aggressiv. Damit erreichen Sie beim Kunden nur Gegenaggressionen und machen Ihre mühsame Aufbauarbeit wieder zunichte.

Immer wieder versuchen Kunden während der Lösungspräsentation, das Produkt, den Anbieter oder auch den Hersteller schlecht zu machen. Lassen Sie Negativaussagen in dieser Richtung nie unwidersprochen. Solche Aussagen können zum Beispiel sein: *„Sie sind viel zu teuer!"* oder *„Dasselbe bieten die anderen auch!"* Wenn Sie derartige Sätze übergehen, bringen Sie Ihr Image als souveräner Verkäufer in Gefahr, und manövrieren sich in eine unterlegene Position. Auch wenn Ihr Kunde Vergleiche mit Ihren Wettbewerbern anstellt, die Sie vielleicht als ungerecht empfinden und die Sie „auf die Palme treiben", werten Sie die Konkurrenz vor Ihrem Käufer nie ab! Sie erreichen damit lediglich, dass Ihr Interessent misstrauisch wird und sich noch intensiver und kritischer mit Ihrem Angebot auseinandersetzt. Je stärker Sie Ihre Wettbewerber ins Gespräch bringen, desto interessanter machen Sie sie für den Kunden. Und Sie stellen Ihre eigene Glaubwürdigkeit als Verkäufer, der hundertprozentig und diskussionslos hinter seinem Angebot steht, in Frage.

Wichtig: Denken Sie während dieser Phase des Gesprächs wie zu jedem anderen Zeitpunkt Ihrer Verhandlung immer an Folgendes: Behandeln Sie Ihren Kunden mit hoher Wertschätzung und als gleichwertigen Partner. Wenn Ihr Kunde auch nur unterbewusst das Gefühl hat, dass Sie ihn „von oben herab" behandeln, für begriffsstutzig oder völlig uninformiert halten, wird das Kommunikationsklima rapide abkühlen und zur Ablehnung Ihres Angebotes, Ihrer Person und Ihres Unternehmens führen. Immer häufiger wechseln Kunden sogar die Marke, wenn sie sich arrogant behandelt fühlen.

Zu guter Letzt gilt für die Phase der Lösungspräsentation dasselbe wie für jede andere Verhandlungsphase auch: Bleiben Sie in Ihrer Gesprächsführung strukturiert. Auch wenn Ihr Kunde „geistiges Sackhüpfen" betreibt und Sie wild und zusammenhanglos mit Detailfragen bombardiert: Bewahren Sie Ihre Souveränität und Geduld, und verlieren Sie den „roten Faden" nicht. Beweisen Sie in jedem Augenblick Kompetenz, und vermitteln Sie Ihrem Kunden die Sicherheit, dass er bei Ihnen als Käufer besonders gut aufgehoben ist.

So geben Sie Zahlen, Daten und Fakten an Ihre Kunden weiter

Aus unterschiedlichen Studien* geht hervor, dass drei Viertel aller Käufer eine umfassende Preisauszeichnung wünschen. Sie wollen der Auszeichnung an einem Produkt alle Details entnehmen können. Besonders die jüngeren Kunden sind an der genauen Zusammensetzung des Preises interessiert. Ältere Käufer dagegen wollen vor allem einen „Hauspreis" wissen. Von insgesamt 54 Prozent der Kunden, die den „Hauspreis" auf dem Preisschild sehen wollen, sind 61 Prozent über 45 Jahre alt. Die Preisempfehlung des Herstellers erfragen 44 Prozent aller Kunden, insbesondere die Altersgruppe zwischen 30 und 45 Jahren. Diese Gruppe interessiert sich auch bei hochwertigen Produkten am stärksten für Finanzierungs- und Leasingangebote.

Als professioneller Verkäufer eines modernen Unternehmens sind Sie hervorragend mit Ihrem PC-Terminal an Ihrem Arbeitsplatz vertraut. Idealerweise ist Ihr Computer vernetzt mit den Datenbanken der Hersteller und Zulieferer. Das heißt, Sie sind in der Lage, Ihrem Kunden zu jeder Minute die technischen Daten, aktuellen Preise, Lieferfristen, Sonderausstattungs- und Zubehörkombinationen mitzuteilen. Nachdem Sie in der vorangegangenen Gesprächsphase die Wünsche des Kunden ermittelt und spezifiziert haben, können Sie nun an Hand Ihrer aktuellen Datenbank die exakten Preise und Lieferfristen für seine individuelle Konfiguration an ihn weitergeben. Selbstverständlich hat Ihr Computer auch einen Internetzugang. Gemeinsam mit Ihrem Kunden können Sie so zum Beispiel noch einmal die Website aufrufen, die ihn dazu bewogen hat, Ihr Unternehmen aufzusuchen, um sich das im Internet präsentierte Produkt „live" anzuschauen.

Ihre überzeugende Lösungspräsentation lebt von Ihrem aktuellen Informationsstand und einer professionellen Vorbereitung. Sorgen Sie dafür,

---

* z.B. Automobilverkauf 2003, …

dass Sie zu jeder Zeit über aktuelles Zahlenmaterial verfügen. Nach dem Motto „Die Schnellen fressen die Langsamen" ist es für Sie und das Fortbestehen Ihres Unternehmen überlebensnotwendig, dass Sie sich permanent darum bemühen, zu den Ersteren zu gehören. Ein Verkäufer, der erst mühsam in unzähligen Listen und Prospekten nach Daten und Zahlen suchen muss und hektisch mit seinem antiquierten Taschenrechner hantiert, wirkt inkompetent und wenig überzeugend. Besonders im Zeitalter des Internets vermittelt er so den Eindruck, den Anschluss an die moderne Entwicklung verloren zu haben. Ganz fatal auf das Vertrauen des Kunden in den Verkäufer wirken sich Fehlinformationen aus, die sich erst im Nachhinein herausstellen, was bei einer Informationsbeschaffung über Listen und Prospekte nicht selten der Fall ist. Oft sind die Daten ganz einfach veraltet. Genauso kontra-produktiv für Ihre Verkaufsverhandlung ist das Zugeständnis Ihres Nichtwissens nach dem Motto: *„Das kann ich Ihnen im Augenblick nicht sagen", „Da muss ich erst einmal nachfragen", „Das kann ich Ihnen erst nächste Woche verbindlich zusichern"* usw. Unter Umständen wird Sie eine derartige Aussage den Abschluss kosten, weil Ihr Wettbewerber dem ungeduldigen Käufer die gewünschten Informationen schneller zur Verfügung stellen kann.

Unübertroffen und grundlegende Voraussetzung für den Erfolg beim Kunden der Zukunft ist deshalb der so genannte „vernetzte Verkäufer", der an seinem modernen Arbeitsplatz über eine Bündelung aller aktuellen Informationen verfügt und so seinem Kunden eine professionelle und zeitgemäße Beratung bieten kann. „Der Automobilhandel arbeitet schon seit einiger Zeit mit DV-Lösungen, die aber nur einen Teil der notwendigen Daten liefern können. Hersteller, Importeure und der Handel sind heute auf dem Weg, den universellen und jederzeit abrufbaren Datenbestand, genannt Verkäuferarbeitsplatz, in die Praxis umzusetzen." (Autohaus)

Die Kompetenz des Verkäufers sollte sich jedoch nicht nur auf die wichtigen Daten und Informationen beschränken, die sich auf die optimale Ausstattungs- und Preislösung bezüglich des gewünschten Produktes beziehen. Darüber hinaus können Sie sich einen Wettbewerbsvorteil verschaffen, wenn Sie an Ihrem PC-Arbeitsplatz alle notwendigen Daten zur

Verfügung haben, um Ihrem Kunden ein individuell auf seine persönliche Situation zugeschnittenes Leasing- oder Finanzierungsangebot zu machen. Die hohe Schule des Kundenservice besteht dabei für Sie nicht nur darin, Standardkonditionen Ihrer Leasing- oder Finanzierungspartner herunterzubeten. Sondern Sie sollten Ihrem potenziellen Käufer zum Beispiel erläutern können, wann für ihn unterm Strich eine Leasing- oder Finanzierungsvariante vorteilhafter ist und welcher Finanzpartner in seinem speziellen Fall der beste ist.

Nach einer Studie im Automobilhandel möchten im Durchschnitt fast 80 Prozent aller Kunden beim Kauf eines Neuwagens vom Verkäufer persönlich über eine Finanzierung beraten werden. Vor allem Frauen und generell Kunden über 45 Jahre legen darauf besonderen Wert. Diese Gruppe der Neuwagen-Käufer will eine genaue Erläuterung, was der Autokauf auf Raten kostet, wie hoch der effektive Jahreszins ist und natürlich welche monatliche Belastung auf sie zukommt. Interessant für diese Zielgruppe sind außerdem Hintergrundinformationen über das Finanzierungsinstitut und insgesamt nähere Details zu den einzelnen Finanzierungsangeboten. Automobilverkäufer können Ihren Verkaufserfolg steigern, wenn sie sich ausführlich mit den verschiedenen Finanzierungsmöglichkeiten der von dem Autohaus präferierten Kreditinstitute auseinandersetzen. Wenn sie Ihren Kunden alle Detailfragen zu diesem Thema sicher und souverän beantworten können, sind sie Ihrem Abschlussziel bereits einen deutlichen Schritt näher. Und um das „Servicepackage" perfekt zu machen, bieten professionelle Autoverkäufer ihrem Kunden zudem auch noch eine Auswahl der besten und günstigsten Autoversicherer an. Haben sie z.B. eine Frau als Kunde, können sie selbstverständlich auch die günstigen Konditionen spezieller Versicherer für Frauen anbieten.

Alle Detailinformationen und Zahlen können sie idealerweise über Ihren Computer am Arbeitsplatz abrufen und die auf Ihren Kunden individuell und optimal zugeschnittenen Leasing-, Finanzierungs- und Versicherungsangebote gleich auf Ihrem Drucker ausdrucken. Der Kunde nimmt die Angebote dann mit und setzt sich eventuell noch einmal zu Hause intensiv damit auseinander.

Wahrscheinlich verfügen andere Branchen noch nicht über einen auf diese Weise optimal ausgestatteten Verkäuferarbeitsplatz. Trotzdem ist es für Sie als erfolgreicher Verkäufer für die Zukunft existentiell notwendig, Ihr Know-how in diese Richtung systematisch auszuweiten. Auch wenn Sie noch nicht alle Informationen übersichtlich und aktuell auf Ihrem PC zur Hand haben: Unternehmen Sie alles, um Ihren Informationsstand permanent aktuell zu halten. Er ist eine wichtige Voraussetzung für Ihre Abschlusserfolge. Im Übrigen sind die meisten Unternehmen bemüht, diese teilweise sehr aufwendigen DV-Lösungen zu realisieren. Die Bündelung bisher voneinander getrennter Datenpools ist mit nicht unerheblichen Problemen verbunden. Lohn der Investition in auf diese Weise vernetzte Verkäufer-Arbeitsplätze wird die Optimierung einzelner Arbeitsprozesse sein und eine erhöhte Effizienz und Kompetenz des einzelnen Mitarbeiters am Point of Sale, die wiederum dem Kunden zu Gute kommt.

Diese Präsentationstechniken können Sie anwenden

Ziel Ihrer Lösungspräsentation vor dem Kunden ist, ihn davon überzeugen, dass Sie für ihn die optimale Problemlösung gefunden haben. Sprich: Sie verhelfen ihm zu dem Neuwagen mit der spezifischen Ausstattung und dem dazugehörigen Service, der optimal auf die individuellen Wünsche und Bedürfnisse des Kunden zugeschnitten ist. Auf der Gefühlsebene sollte den Kunden bei Ihrer Lösungspräsentation die Botschaft erreichen, dass Sie der kompetente Verkäufer sind, dem er vertrauen kann und der ihm – besser als jeder Wettbewerber – die für ihn optimale Fahrzeuglösung anbieten und verkaufen wird.

Versuchen Sie bei Ihrer Lösungspräsentation immer folgende Ziele (Ziel = engl. „aim") vor Augen zu haben:

Aktivieren   > Regen Sie Ihren Kunden an.
> Wecken Sie seine Neugier und sein Interesse.

	> Versuchen Sie, ihn mit Ihrer Begeisterung anzustecken.
	> Bringen Sie ihn zum Nachdenken.
Informieren	> Stellen Sie Zahlen, Daten und Fakten möglichst anschaulich und bildlich dar.
	> Geben Sie dem Kunden alle Informationen, die er wünscht.
	> Versuchen Sie Klarheit und Transparenz für den Kunden zu erzeugen
	> Machen Sie dem Kunden deutlich, welche Vorteile ihm Ihre Lösung bringt.
Motivieren	> Intensivieren Sie die positive Beziehung zu Ihrem Kunden während Ihrer Präsentation.
	> Denken Sie immer an die Wünsche und Bedürfnisse Ihres Kunden.
	> Verdeutlichen Sie dem Kunden mit jedem Lösungsschritt auch gleich den dazugehörigen Nutzen für ihn.
	> Begeistern Sie den Kunden und beweisen Sie ihm, wie seine Wünsche und Träume wahr werden können.

Versuchen Sie – während Sie Ihrem Kunden die für ihn optimale Ausstattung seines Produktes vorstellen – folgende drei Grundregeln zu beachten:

1. *Strahlen Sie Ruhe, Sicherheit und Gelassenheit aus.*
Halten Sie Ihren Körper und Ihre Hände ruhig. Atmen Sie bewusst und tief. Schweigen Sie so lange, bis Sie die ungeteilte Aufmerksamkeit Ihrer Zuhörerschaft haben.

2. *Verwenden Sie eine ausdrucksstarke und anschauliche Sprache.*
Ausdrucksstarker, anschaulicher Sprachgebrauch aktiviert die Vorstellungskraft – die Zuhörer erleben das Gesagte vor ihrem „geistigen Auge". Durch diese innere Beteiligung und Auseinander-setzung mit den vorgetragenen Inhalten prägen sich die vermittelten Informationen nachhalti-

ger ins Gedächtnis der Zuhörer ein. Anschaulichkeit der Sprache erreichen Sie vor allem durch bildhafte Redewendungen, beschreibende Eigenschaftswörter und lebendige Tätigkeitswörter.

Vorteil: Anschauliche, bildhafte Aussagen prägen sich tief und nachhaltig ein, besonders wenn Sie Bilder wählen, die auf die persönliche Situation Ihres Kunden zugeschnitten sind. Mittlerweile kennen Sie Ihren Kunden gut genug, um die Gefühlsebenen zu treffen, die für ihn von Bedeutung sind. Sprachliche Bilder erzeugen besonders starke Gefühle bei Ihrem Käufer. Durch die Wahl positiver Bilder und Ausdrücke entstehen angenehme Gefühle, die auf die Gesamtpräsentation ausstrahlen. Die begleitenden Gefühle speichert Ihr Kunde gleichzeitig mit den Informationen, die Sie ihm vermitteln, im Gedächtnis. Dadurch sind die Informationen für ihn später leichter abrufbar. Dieser Trick wird insbesondere auch in der Werbung angewandt.

Vorteil: Mitteilungen, die anregende oder angenehme Gefühle wachrufen, werden besonders deutlich erinnert. Das heißt, auch die positive Stimmung, die Sie mit Ihrer Präsentation bei Ihrem Käufer hervorrufen, kann die Aufnahme und das Behalten des Gesagten stark fördern. „Stimmung" bedeutet in dem Zusammenhang nicht, dass Sie sich als Stimmungskanone betätigen sollen, sondern bezieht sich auf die Gefühle, die Sie bei Ihrem Kunden erzeugen. Solche Gefühle erzeugen Sie durch die Wahl Ihrer Worte und die dadurch beim Kunden wachgerufenen Vorstellungsbilder.

3. Ziehen Sie Ihren Kunden in Ihren Bann.

Um die Aufmerksamkeit Ihres Kunden über einen bestimmten Zeitraum aufrechtzuerhalten, müssen Sie so genannte Spannungsbögen aufbauen. Je mehr Zeit Ihre Präsentation beansprucht, desto höher sollte die erzeugte Spannung sein. Unterteilen Sie deshalb Ihre Lösungspräsentation in kürzere Abschnitte, um damit kleinere stabile Spannungsbögen zu erzeugen. Das große Finale und der Höhepunkt der Spannung ist dann die Präsentation des Fahrzeugs in der Ausstellung oder die Probefahrt. Versuchen Sie also Ihre Lösungsdarstellung zu unterteilen und eine Art Dramaturgie aufzubauen. Zum Beispiel können Sie von der Darstellung nüchterner Daten und Fakten über die bereits ansprechendere Erläuterung der farblichen Ausstattung und der Wahl der Bezüge, Beschläge usw. (eventuell demonstrieren Sie das Modell in der für den Kunden individuellen Ausstattung virtuell auf Ihrem Computer oder anhand anschaulicher Prospekte und Bilder) zur tatsächlichen Präsentation kommen.

Wie Sie das Fahrzeug optimal präsentieren

Der erste Eindruck ist der wichtigste. Diese Aussage trifft nicht nur auf das Erscheinungsbild Ihres Unternehmens und auf Ihr Auftreten als Verkäuferpersönlichkeit zu, sondern sie bezieht sich auch auf das entsprechende Produkt, das Sie dem potentiellen Kunden vorstellen. „Die Mehrzahl der befragten Kunden achtet besonders auf den optischen Eindruck, den die Präsentation hinterlässt (68 Prozent). Besonders die jüngere Käuferschicht bis 30 Jahre legt Wert auf die Gesamterscheinung einer Produktpräsentation (71 Prozent) und hier besonders bei hochwertigen Produkten. Mit zunehmendem Alter der Käufer spielt der optische Eindruck eine geringere Rolle. Bei deutschen Premiumprodukten legt der Käufer am wenigsten Wert auf die Art der Präsentation (58 Prozent). Bei der Darstellung der Ausstattung wandelt sich das Bild. Insgesamt 62 Prozent achten besonders auf die Präsentation von Ausstattungsdetails. Besonders die Kunden über 45 Jahre wünschen eine umfassende Darstellung der Ausstattung. Sie ist auch wichtigstes Kriterium bei der Präsentation deutscher Premiumprodukte. Bspl. Automobil: „... auf den Standort im Ausstellungsraum achten besonders die Kunden über 45 Jahre im Bereich der deutschen Premiumhersteller. Insgesamt messen jedoch nur 17 Prozent diesem Kriterium eine Bedeutung zu." (Automobilverkauf 2003)

Die Zahlen belegen: Die Präsentation ist für einen Großteil der Kunden eine bedeutende Phase des Verkaufsgesprächs und ein wichtiger Teilschritt für Sie auf dem Weg zu Ihrem Verkaufserfolg. Wenn Sie bis zu diesem Stadium in Ihren Verkaufsverhandlungen vorgedrungen sind, haben Sie den Kunden schon ganz gut kennengelernt. Sie können jetzt sicher abschätzen, welche Art der Präsentation Ihr Gegenüber am meisten beeindruckt.

Natürlich machen Sie kaum etwas falsch, wenn Sie Gelegenheit haben, das Produkt in einem tadellosen Zustand, in einer Glasvitrine, auf einer eleganten Auslage und in einem modern ausgestatteten Verkaufsraum zu präsentieren. Einen besseren Eindruck kann das gewünschte Traummodell beim Kunden gar nicht hinterlassen. Aber nicht immer liegen diese günstigen Bedingungen vor. Vielleicht ist der betreffende Produkttyp gerade frisch hereingekommen, und er steht noch im Lager. Ihr Kunde ist richtig „heiß" genau auf dieses Produkt. Wenn Sie es jetzt präsentieren, denken Sie, haben Sie den Abschluss in der Tasche. Lassen Sie Ihr Gefühl sprechen: Kann dieser Kunde ein nicht ausgepacktes, nicht montiertes Produkt verkraften? Oder schreckt ihn dieser Zustand eher ab? Wenn Sie das Risiko eingehen wollen, das Produkt sozusagen im Rohzustand zu präsentieren, sollten Sie auf alle Fälle eine passende Argumentation aufbauen: „... ist gerade frisch reingekommen!", „Sie sind der erste Kunde, der es zu Gesicht bekommt..." usw.

Wenn Sie „den Vorhang öffnen" und Ihrem Kunden das Prachtstück zeigen, sollten Sie den Ablauf Ihrer Präsentation gezielt steuern. Bauen Sie Ihre Vorführung dramaturgisch auf, und ziehen Sie alle Register Ihres verkäuferischen Könnens: Im Laufe der bisherigen Verhandlungen hat Ihnen Ihr Kunde sicher anvertraut, worauf er bei seinem Produkt besonderen Wert legt und auf keinen Fall verzichten möchte.

Ein Beispiel: ein großzügiger Kofferraum. Als Profi-Verkäufer gehen Sie jetzt nicht gleich zielstrebig auf den Kofferraum ein, um ihn dem Kunden zuerst zu präsentieren, vor allem wenn die Gefahr besteht, dass er den Ansprüchen des Kunden nicht ganz genügt.

Erzeugen Sie stattdessen Spannung, und steuern Sie gezielt auf den dramaturgischen Höhepunkt Ihrer Vorführung, den Kofferraum, zu. Öffnen Sie zum Beispiel das Fahrzeug, zeigen Sie den exklusiv ausgestatteten und großzügigen Innenraum des Fahrzeugs. Beeindrucken Sie mit der leichten Bedienbarkeit bestimmter Fahrzeugelemente. Klappen Sie dann die Motorhaube auf, und erklären Sie dem Kunden für ihn interessante technische Details des Motorsystems. Begleiten Sie den Käufer erst zum Abschluss, als Höhepunkt Ihrer Präsentation, zum Kofferraum. Spielen Sie sozusagen Ihren letzten Trumpf aus. Entspricht die Größe des Kofferraums exakt den Erwartungen des Kunden haben Sie ohnehin leichtes Spiel. Aber auch wenn die Geräumigkeit in den Augen des Kunden vielleicht etwas zu wünschen übrig lässt, haben Sie ihn vorher mit allen anderen Vorteilen des Wagens konfrontiert. Jetzt kann er leichter Abstriche beim Kofferraum machen, denn: *„Alle anderen Details sind wirklich Spitze…!"* Zeigen Sie dagegen das für den Kunden wichtigste Element gleich zu Anfang der Präsentation, laufen Sie Gefahr, dass es den Erwartungen des Käufers nicht ganz entspricht. Er erlebt eine Enttäuschung und Sie haben es jetzt um so schwerer, die anderen Details zu verkaufen. Denn der Kunde betrachtet Ihre weitere Vorführung nun mit einem negativen Vorzeichen.

2.5 | Der Abschluss

Die Bedürfnisse des Kunden sind geklärt, und Sie haben ein individuelles auf ihn passendes Problemlösungskonzept erläutert und präsentiert. Jetzt kommt die Stunde der Wahrheit – der Abschluss. Stellen Sie selbstbewusst und ohne zu zögern die Abschlussfrage. Denn von sich aus wird selten ein Interessent den Auftrag ansprechen.

Diese Abschluss-Methoden führen zum Ziel

Abhängig von der Entwicklung des Verkaufsgesprächs gibt es verschiedene Möglichkeiten, den Abschluss anzusprechen, zum Beispiel:

Direkte Fragen:	*„Wollen wir das so machen?"*
Testfragen:	*„Sie haben sich für einen … entschieden".* Zählen Sie noch einmal alles auf, was Sie mit dem Kunden besprochen haben. Wenn er keine Einwände hat, ist er reif für ein „Ja".
Überprüfende Fragen:	*„Hindert Sie noch etwas?"* *„Gibt es noch etwas, das Sie vom Kauf abhält?"*
Angebot verknappen:	*„Dieses Angebot kann ich nur bis … machen. Wenn Sie sich jetzt entscheiden, könnten wir … "*
Vorstellungsbilder:	*„Darf ich Ihre Vorstellungen noch einmal zusammenfassen … "*

Im Laufe des Verkaufsgesprächs sollte bei Ihnen die Überzeugung wachsen, dass Sie mit dem Kunden eine Übereinstimmung erzielt haben, die zu einem Abschluss führen kann. Wenn Sie dieses Gefühl haben, ist der Augenblick für die Abschlussfrage gekommen. Fassen Sie jetzt noch einmal kurz das Verhandlungsergebnis zusammen und führen Sie bei der Darstellung des Nutzens nur die Argumente auf, die von Ihrem Kunden ausdrücklich akzeptiert wurden. Betonen Sie ausdrücklich, dass hinsichtlich dieser Nutzenaspekte zwischen Ihrem Kunden und Ihnen Übereinstimmung besteht.

Zweifel und Unsicherheiten Ihrerseits haben jetzt keinen Platz. Sie müssen davon überzeugt sein, gemeinsam mit dem Kunden die für ihn passende Lösung erarbeitet zu haben. Dieses Gefühl der Sicherheit überträgt sich auf den Kunden. Sollten jedoch beim Kunden noch Bedenken bestehen, räumen Sie seine Zweifel aus, indem Sie weitere Fragen stellen oder den entsprechenden Einwand entkräften.

Wann können Sie von einem Abschluss sprechen?

Stellen Sie die Abschlussfrage, wenn Sie das Gefühl haben, mit dem Kunden Übereinstimmung erlangt zu haben! Jetzt braucht Ihr Gegenüber nur noch „ja" zu sagen! Das klingt alles sehr einfach, ist es aber nach Ihrer Erfahrung sicher nicht. Denn bekanntermaßen liegt die Wahrscheinlichkeit für die Bestellung eines Fahrzeuges in der Automobilbranche nach der ersten Verkaufsverhandlung unter 10 Prozent. Kaum ein Käufer gibt bei einem Erstgespräch gleich einen Betrag von 15.000 Euro oder mehr aus. Lassen Sie sich also nicht demotivieren, wenn der Kunde nicht sofort nach dem ersten Gespräch bereit ist, den Auftrag zu unterschreiben. Wahrscheinlich haben Sie auch bereits durch die Vorabfrage *„Wenn wir uns im Preis einigen, wollen Sie dann heute kaufen?"* geklärt, wie Ihr Kunde zu dieser Frage steht. Je nach dem haben Sie im Laufe des Gesprächs Ihre Preisverhandlungs-Strategie aufgebaut. Wenn der Kunde allerdings nicht ausdrücklich signalisiert hat, dass er heute nicht kaufen möchte, stellen Sie in jedem Falle die Abschlussfrage.

Aber auch wenn der Kunde, nachdem Sie ein rundes und überzeugendes Verkaufsgespräch mit ihm geführt haben, erklärt, er möchte noch Vergleichsangebote einholen, ist längst nicht Hopfen und Malz verloren. Im

Verkauf ist nicht nur ein unterschriebenes Auftragsformular als Erfolg zu sehen. Es gibt eine Menge weiterer positiver Reaktionen des Kunden, die Sie als Abschlussfaktoren werten können und sollten. Wenn Ihr Kunde vorerst noch vom Kauf Abstand nehmen will, geben Sie nicht auf, sondern versuchen einen oder mehrere der folgenden Vorabschlüsse zu erreichen:

Wenn der Kunde zum Beispiel eine *Probefahrt* mit einem neuen Auto unternehmen möchte, hat man bereits einen großen Schritt zum Abschluss getan. Die Probefahrt signalisiert die Inbesitznahme des Fahrzeugs durch den Kunden. Wenn alle anderen Faktoren übereinstimmend geklärt wurden, ist es zum Abschluss nur noch ein kleiner Schritt.

Wünscht der Kunde, dass Sie ihm ein *schriftliches Angebot* unterbreiten? Dann sind Sie Ihrem Wettbewerb sicher einen Schritt voraus. Mit der Akzeptanz einer schriftlichen Zusammenfassung Ihrer Verhandlungen, ist der Kunde innerlich nicht mehr weit vom Kauf entfernt

Erklärt sich der Kunde mit einem *Folgetermin*, den Sie fest mit ihm vereinbaren einverstanden? Das bedeutet, er hat wirklich Interesse. Vielleicht will er noch beim Wettbewerb vorbeischauen, vielleicht auch nur eine grundsätzliche Bedenkzeit zur Art der Finanzierung etc. Wenn Ihr Angebot für den Kunden maßgerecht ist und Sie eine gute Beziehung aufbauen konnten, ist Ihre Chance, den Zuschlag zu bekommen beträchtlich.

Legt Ihr Gegenüber Wert auf ein von Ihnen individuell erstelltes *Finanzierungs- oder Leasingangebot?* Auch in diesem Fall können Sie von einem echten Kaufinteresse ausgehen. Wenn der Kunde sich bereits konkret mit der Zahlungsweise beschäftigt, ist er mit Ihrer Lösungspräsentation grundsätzlich einverstanden. Konzentrieren Sie sich nun darauf, die für ihn persönlich optimalen Zahlungskonditionen zu erarbeiten.

Gibt der Kunde seinen Gebrauchtwagen in die Hände eines Gutachters, um ihn zu bewerten, können Sie fast sicher sein, dass der Kunde kauft. Immerhin geht eine *Gebrauchtwagen-Bewertung* weit über einen unverbindlichen Informationsbesuch hinaus. Sie ist für den Kunden mit einem gewissen Zeitaufwand verbunden und dokumentiert ganz klar seine Kaufabsicht, wenn ihm ein für ihn akzeptabler Preis für seinen „Alten" geboten wird.

So verabschieden Sie Ihre Kunden

Sie sind mit Ihrem Kunden handelseinig geworden und haben Ihr Ziel als Verkäufer erreicht: Der Kunde hat seine Unterschrift unter Ihr Auftragsformular gesetzt. Gratulation! Jetzt können Sie befreit durchatmen. Vergessen Sie aber nicht den abschließenden wichtigen Schritt Ihrer Verkaufsverhandlungen: die Verabschiedung des Kunden. Der größte Fehler, den Sie begehen können, ist, nachdem Sie den Auftrag in der Tasche haben, den Kunden so schnell wie möglich loswerden zu wollen. Nicht wenige Verkäufer mutieren in diesem Augenblick vom begeisterten Power Seller zum uninteressierten, kühlen Durchschnittsverkäufer. Das darf Ihnen nicht passieren.

Bleiben Sie auch und gerade in der Phase der Verabschiedung auf der emotionalen Ebene. Gratulieren Sie Ihrem Kunden zum Kauf. Zeigen Sie ihm aufrichtige Freude darüber, dass er bei Ihnen gekauft hat. Und vermitteln Sie ihm mit Begeisterung das Gefühl, dass seine Wahl die richtige war. Fragen Sie ihn zum Abschluss, ob er sich bei Ihnen wohlgefühlt hat und mit Ihnen als Verkaufsberater zufrieden war. Sicher wird er die Frage bejahen. Bitten Sie ihn darum, Sie zu empfehlen. Vielleicht hat er Kollegen oder Freunde, die ebenfalls an einer professionellen Beratung interessiert sind. Überreichen Sie spätestens jetzt Ihre Visitenkarte. Oder geben Sie Ihrem Kunden nun noch eine zweite oder dritte Visitenkarte für seine Weiterempfehlung mit.

Versichern Sie Ihrem Kunden, dass er sich immer an Sie wenden kann, wenn er noch Fragen hat. Erinnern Sie ihn noch einmal kurz an die für ihn wichtigen Service-Leistungen, die Sie ihm gerne angedeihen lassen möchten. Betonen Sie, dass Sie sich freuen würden, ihn als Stammkunden zu gewinnen und er gerne jederzeit bei Ihnen vorbeikommen kann, um sich ein neues Modell anzuschauen oder eine Probe zu machen. Bringen Sie ihn zur Tür, und öffnen Sie sie ihm. Denken Sie immer daran, der abschließende Eindruck, den Sie beim Kunden hinterlassen, ist der, welcher ihm am stärksten im Gedächtnis haften bleibt.

Häufig erleben Sie auch den Fall, dass Ihr Kunde nicht unterschreibt, nicht sofort kauft. Entweder, Sie waren der erste von drei oder vier vergleichbaren Anbietern, die er vorhatte aufzusuchen oder aber er will noch etwas Bedenkzeit etc. Auch jetzt haben Sie keinen Grund den Kopf in den Sand zu stecken. In diesem Fall kommt der Verabschiedung fast noch eine größere Bedeutung zu wie im Falle des Abschlusses. Der Kunde wird neben dem Preis auch die Art und Weise Ihres Beratungsgesprächs an den vergangenen oder zukünftigen Gesprächen messen.

Gestaltet der Besuch des Kunden sich eher als ein unverbindliches erstes „Beschnuppern"? Dann versuchen Sie trotzdem so viel zu erreichen wie möglich. Während des Verkaufsgesprächs haben Sie vielleicht schon geschickt den Nachnamen des Kunden erhalten (siehe oben, namentliche Vorstellung). Jetzt, bei der Verabschiedung, haben Sie die Chance, noch mehr Informationen zu erhalten. Schütteln Sie ihm die Hand, und erkundigen Sie sich ganz beiläufig nach seinem Vornamen. Wenn er Ihnen den genannt hat, wagen Sie sich noch einen Schritt weiter. Bitten Sie ihn um seine Telefonnummer. Wer seinen Vornamen genannt hat, wird die Hemmschwelle, seine Telefonnummer herauszugeben leichter überwinden. Nun können Sie die höfliche Frage anschließen, zu welcher Uhrzeit Sie ihn stören dürfen, und wann und wo er am besten erreichbar ist.

Wichtig ist auf jeden Fall, dass Sie bei Ihrem Kunden einen möglichst positiven Eindruck hinterlassen. Denn er wird mit großer Wahrscheinlichkeit noch andere Unternehmen aufsuchen und mit weiteren Verkäufern verhandeln. Ihre Ausstrahlung und Ihr Auftreten von Beginn des Verkaufsgesprächs bis zur Phase der Verabschiedung entscheidet über Ihren Verkaufserfolg bei jedem Kunden.

3 Erfolgreiche Strategien für den Umgang mit dem Kunden der Zukunft

Auch Ihre Erfahrung zeigt sicher deutlich, dass Sie es immer häufiger mit Kunden zu tun haben, die schnell und sehr selbstbewusst in die Preisverhandlungen einsteigen. Gut informiert, weil Sie bereits mehrere Verkäufer vor Ihnen aufgesucht haben, kommen sie gleich zu Beginn des Verkaufsgesprächs auf den Preis zu sprechen und zwingen Sie so in die „Schlacht um jeden Preis", in der sich viele Verkäufer auf verlorenem Posten fühlen, weil der zunehmende Wettbewerb Ihnen kaum eine Chance lässt, dem Kunden gegenüber eine feste Preisposition zu behaupten. Wenn nicht Sie, dann wird irgendein anderer Händler, der sein Lager voll hat, dem Druck des Kunden nachgeben und eine Rabattzusage machen, die die Grenze des Erträglichen übersteigt und unterm Strich kaum noch Gewinn für den Händler übrig lässt. Der Verkauf der Zukunft wird von einem neuen Käuferverhalten geprägt sein. Die „neuen Kunden" sind sehr selbstbewusst, haben eine starke Markenorientierung und sind hervorragend informiert. Sie wissen ganz genau was sie wollen: Maximale Qualität und einen hervorragenden Service zum günstigsten Preis!

„Weit ist der Handel nicht mehr von Verkaufspraktiken entfernt, wie man sie im orientalischen Basar studieren kann. Das Feilschen wird für den bis zum Werkscode informierten Käufer zum exzessiv betriebenen Leistungsport. 'Smart Shopper' hat man diesen ebenso professionell wie massiv verhandelnden Kundentyp getauft (smart = selbstbewusst, markenorientiert, aufgeklärt, rabattfordernd und vor allem taktlos). Aber der Handel kann es sich nicht leisten, auf den Smart Shopper zu verzichten.

Die zentrale Frage lautet: Wie schafft man es als Verkäufer, mit dem Smart Shopper zu einem Abschluss zu kommen, der für beide Seiten akzeptabel ist?" (Ralph Meunzel, AUTOHAUS)

Antworten auf diese Frage und schnell umsetzbare, praktische Strategien, die in der Schlacht um jeden Preis mit dem Smart Shopper zum Sieg, sprich zum Erfolg führen, habe ich gemeinsam mit meinem Partner Alexander Verweyen für Sie als Verkäufer entwickelt. In unseren meist zwei- bis dreitägigen Intensiv-Seminaren erfahren die Teilnehmer, wie Sie mit dem klassischen Smart Shopper ein erfolgreiches Preisgespräch führen, weniger Rabatte geben und diesen Kunden trotzdem nicht verlieren. Dabei geht es keineswegs um Patentrezepte – die es nicht gibt –, sondern um eine ganze Reihe von taktischen Schachzügen, deren Auswahl und Einsatz vom jeweiligen „Eröffnungszug" des Kunden bedingt ist. Mit dem Smart Shopper werden Sie auch in den nächsten Jahren klarkommen müssen. Es gilt, ihm clever zu begegnen!

Für Sie als Verkäufer werden geeignete Strategien im Umgang mit Smart Shoppern überlebensnotwendig, wenn man bedenkt, dass nach einer Studie der Unternehmensberatung Grey Strategic Planning schon vor dem Wegfall von Rabattgesetz und Zugabeverordnung 29 Prozent der deutschen Konsumbevölkerung als klassische Smart Shopper eingestuft werden. 35 Prozent der Bevölkerung sind ohnehin Schnäppchenjäger, weil sie ihr geringeres Einkommen (unter 2.000 Euro netto Haushaltseinkommen) dazu zwingt, preisorientiert zu kaufen. Und lediglich verbleibende 36 Prozent der Verbraucher mit hohem Einkommen (über 2.500 Euro netto Haushaltseinkommen) gehören zu den Qualitätskäufern, die optimistisch in die wirtschaftliche Zukunft blicken und starkes Vertrauen in Herstellermarken an den Tag legen.

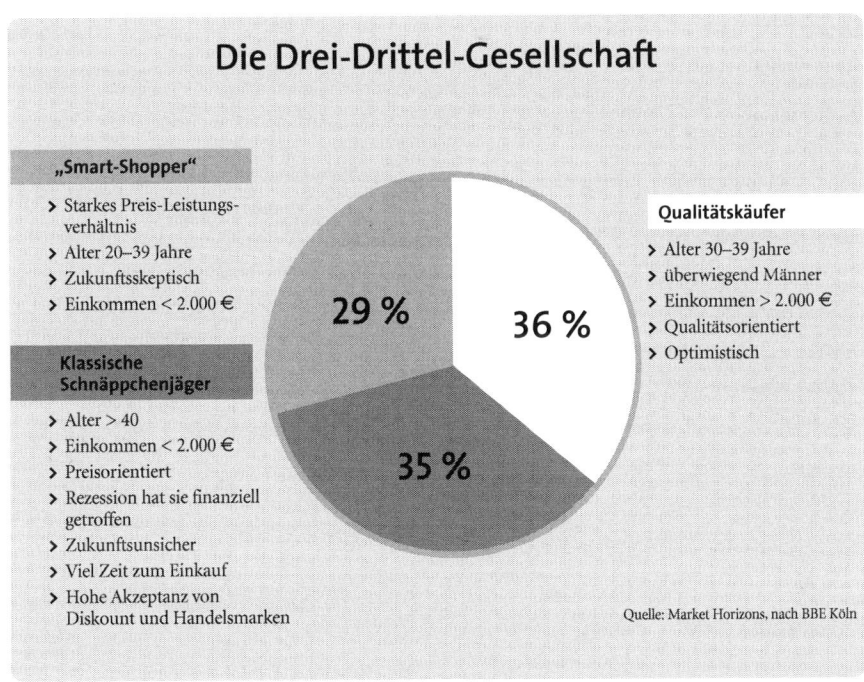

Die Drei-Drittel-Gesellschaft

„Smart-Shopper"

> Starkes Preis-Leistungs-verhältnis
> Alter 20–39 Jahre
> Zukunftsskeptisch
> Einkommen < 2.000 €

Klassische Schnäppchenjäger

> Alter > 40
> Einkommen < 2.000 €
> Preisorientiert
> Rezession hat sie finanziell getroffen
> Zukunftsunsicher
> Viel Zeit zum Einkauf
> Hohe Akzeptanz von Diskount und Handelsmarken

Qualitätskäufer

> Alter 30–39 Jahre
> überwiegend Männer
> Einkommen > 2.000 €
> Qualitätsorientiert
> Optimistisch

29 % 36 % 35 %

Quelle: Market Horizons, nach BBE Köln

Während die herkömmlichen Schnäppchenjäger mit geringerem Einkommen meist älter als 40 Jahre und die Qualitätskäufer zwischen 30 und 39 Jahren sind, ist die Kundengruppe der Smart Shopper relativ jung, zwischen 20 und 39 Jahren alt. Das Haushalts-Einkommen der Smart Shopper liegt über 2.000 Euro netto im Monat. Sie zeichnen sich durch eine starke Preis-Leistungs-Orientierung aus und akzeptieren im Gegensatz zu Qualitätskäufern keine vorgegebenen Preise. Zunehmend reihen sich auch gutverdienende ältere Kunden über 40 Jahre in die Gruppe der feilschenden Smart Shopper ein.

Mindestens 64 Prozent der deutschen Verbraucher setzen sich demnach aus Schnäppchenjägern und „Rabattlüstlingen" zusammen, die jedem Festpreis den Kampf ansagen. Und kaum ein Verkäufer oder Händler hält gezielte Argumentationsketten bereit, um Verkaufsgespräche mit Smart Shoppern konstruktiv für beide Seiten zu führen: Das heißt, dem Smart Shopper seinen Spaß an Rabattverhandlungen zu lassen und gleichzeitig einen guten Preis zu erzielen, der noch eine vertretbare Gewinnspanne einräumt. Die konkreten Auswirkungen dieses Ungleichgewichts zugunsten des Verbrauchers auf die Gewinnsituation brauche ich Ihnen nicht näher zu erläutern. Sie erleben sie täglich.

Wichtigstes Ziel für den erfolgreichen Verkäufer der Zukunft muss also sein, seine Gewinnspannen wieder deutlich zu verbessern. Und dieses Ziel können nur kompetente und geschulte Verkäufer am Point of Sale direkt im Gespräch mit dem Kunden erreichen. Der durchschnittliche Gewinnbruttoertrag eines Automobilhändlers belief sich 2000 auf ca. 0,4 Prozent. Und diese Zahl wurde zu einem Großteil durch einen hohen Anteil an Werkstatt- und Servicegeschäft gespeist. Wenn man das Neuwagengeschäft separat betrachtet, wurde in dieser Branche nicht einmal eine positive Umsatzrendite eingefahren.

Lassen Sie uns gemeinsam eine einfache Rechnung aufmachen: Was wäre, wenn jeder Mitarbeiter am Point of Sale seine durchschnittliche Rabattzusage um einen halben Prozentpunkt (eine minimale Größenordnung) verringern/halten könnte?

Beispiel:

Im Durchschnitt kostet ein Neuwagen in Deutschland rund 20.000 Euro. Nehmen wir an, ein Verkäufer verkauft über das Jahr gerechnet, etwa 100 Neufahrzeuge. Auf dieser Grundlage reduziert er den Nachlass pro Fahrzeug um 100 Euro. Multiplizieren wir diesen Betrag mit der Anzahl der Abschlüsse beträgt die Gesamtsumme ansehnliche 10.000 Euro! Multiplizieren wir wiederum diesen Betrag mit der Anzahl der Verkäufer im Autohaus… nun Sie werden denken, das ist eine schöne Milchmädchenrechnung.

Viele Erfolge unserer Projekte bestätigen im Ergebnis tatsächlich wesentlich höhere Beträge, soweit haben Sie also mit der Milchmädchenrechnung Recht.

Wenn Sie sich dieses Beispiel bewusst vor Augen führen, erkennen Sie, wie deutlich Sie gemeinsam mit Ihren Kollegen die Gewinnsituation Ihres Unternehmens und damit Ihren Provisions-Erfolg als Verkäufer steigern können. Sollten Sie provisionsabhängig arbeiten, rechnen Sie einmal nach, was es in Ihrer konkreten Situation ausmacht. Rechnen Sie Ihre persönliche Preis-Stabilitäts-Größe durch und schauen Sie sich an, wie sich der Betrag auf Ihre persönliche Provision auswirken würde. Machen Sie die Gegenrechnung mit der Überlegung, wie viele Verkäufe Sie „zusätzlich" tätigen müssten, um den gleichen Betrag an Provision zu erhalten. In der Praxis zeigt sich sehr schnell, dass zehn bis fünfzehn Prozent Umsatzsteigerung notwendig sind, um den gleichen Betrag zu erreichen. Dies führt wiederum zu verstärktem Ansatzdruck und Preis-Instabilität und höhere Rabattzusagen. Somit in der Praxis zu Mehrgeschäft mit weniger Ertrag.

Es lohnt sich also für Sie, den dornigen Weg zu gehen und sich ausführlich mit dem Käuferverhalten des Smart Shoppers auseinanderzusetzen. Wenn Sie sich professionell auf die Gesprächssituation mit dieser Kundenklientel vorbereiten, werden Sie sicher mit Erfolg belohnt. Lernen Sie hier die Motive des Smart Shoppers kennen, und wappnen Sie sich mit den geeigneten Erfolgsstrategien, auf den folgenden Seiten, für die Schlacht um jeden Preis mit Ihren feilschenden Kunden. Sie werden der heimliche Sieger sein, ohne Ihrem Kunden das Gefühl zu geben, den Preiskampf verloren zu haben.

3.1 | Einkaufsverhalten des Smart Shoppers

Smart Shopping ist ein Verbraucherverhalten, das sich auf den gesamtdeutschen Handel erstreckt. Die Tendenz von Verbrauchern, mit weniger auskommen zu wollen, weniger Geld auszugeben, bewusster und kritischer zu konsumieren, ist übrigens nicht nur in Deutschland, sondern auch in den USA, in Großbritannien, Frankreich und Italien festzustellen. Smart Shopping ist mehr als ein kurzlebiger, oberflächlicher Trend. Vordergründig geht es diesen neuen Kunden um den Spaß am Feilschen und um das besondere Einkaufserlebnis. Hinter diesem Verhalten verbirgt sich jedoch eine neue Reife der Konsumentengeneration. Es ist eine gewachsene Verbraucherhaltung der sogenannten Wohlstandsländer, deren Bevölkerung sich sichtlich emanzipiert hat von Konsumzwängen und die bereit ist, die Rolle des passiven Konsumenten zu verlassen und mehr Verantwortung für ihre Kaufentscheidungen zu übernehmen. Die neuen Konsumenten haben eine höhere Erwartungshaltung gegenüber dem Handel und den Verkäufern am Point of Sale. Ihr Selbstverständnis als Kunde ist gewachsen, und sie erwarten mehr Service, mehr Entgegenkommen, mehr Freundlichkeit und mehr Engagement.

Der Preisdruck ist die Waffe des Smart Shoppers in der Schlacht um jeden Preis. Die Händler, sowohl den Forderungen des Verbrauchers als auch dem Druck der Hersteller ausgesetzt, verlieren dabei immer mehr an Boden und im Extremfall ihre unternehmerische Existenz.

Daran erkennen Sie den klassischen Smart Shopper

Wenn ein Smart Shopper Ihre Verkaufs- und Ausstellungsräume betritt, können Sie ihn unter Umständen schon an seinem Auftreten erkennen. Smart Shopper zeichnen sich durch ein auffallendes **Selbstbewusstsein** aus. Dieses Selbstbewusstsein ziehen Smart Shopper aus einer ganzen Reihe von Faktoren. Sie stammen hauptsächlich aus Gesellschaftsschichten, die über eine qualifizierte Ausbildung verfügen. Die Folge ihrer Qualifikation ist ein höheres Einkommen und damit ein entsprechend hoher sozialer Status.

S elbstbewusst

M arkenorientiert

A ufgeklärt

R abattfordernd

T aktlos

Smart Shopper sind **markenorientiert**, aber nicht unbedingt auf bestimmte Marken festgelegt. Unter Umständen kann es passieren, dass sie sich ganz von einer bestimmten Marke abwenden, wenn sie ein Händler zu sehr „geärgert" hat und zu einem vergleichbaren Fabrikat wechseln. Sie lassen sich nicht auf bestimmte Labels festlegen. Grundsätzlich glauben Smart Shopper zwar durchaus noch an die Grundwerte bestimmter Herstellermarken. Das Vertrauen in ein solides Preis-Leistungsverhältnis und in eine Preiskonstanz ist ihnen jedoch abhanden gekommen. Die enorme Nachlassbereitschaft der Händler hat ihnen den Glauben an seriös kalkulierte Preise genommen.

Smart Shopper sind **aufgeklärt**. Gerade die Medien haben einen großen Teil dazu beigetragen, dass Smart Shopper mehr Überblick über das Marktangebot haben. Sie versorgen Smart Shopper durch hartnäckige

Recherchen mit fundierten Preisinformationen. Mit Schlagzeilen „Der Kampf ums Geld" (AutoBild 51/52/99) feuern die Medien den neuen Kunden an, sich in die „Schlacht um jeden Preis" zu stürzen.

Der Kampf ums Geld

Jetzt ist die Zeit für hartes Handeln. Wir sagen, wie Sie am meisten sparen

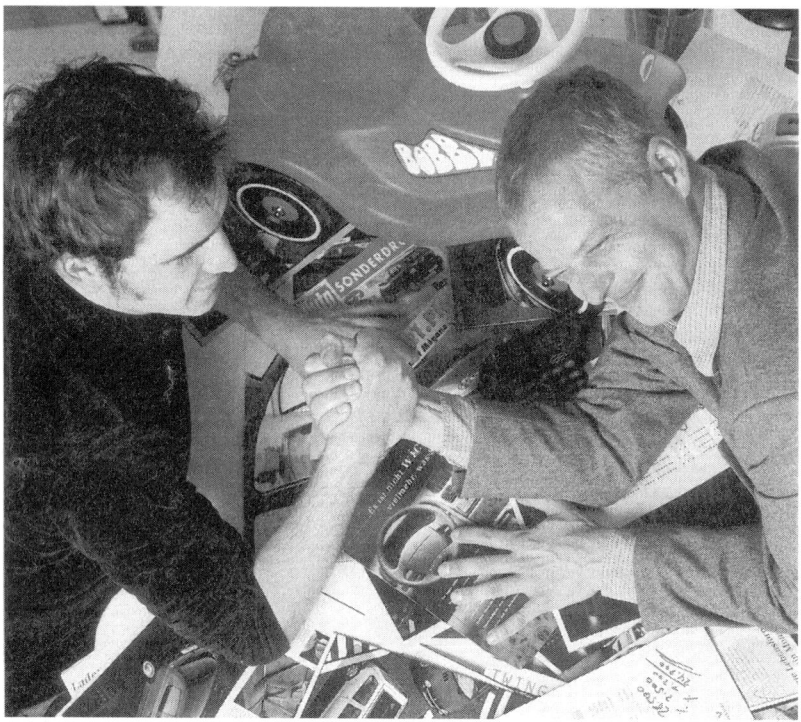

Zum Ende des Jahres können Autokäufer kräftig zupacken: Viele Autohäuser machen beim Kauf eines Neuwagens bessere Preise als in den Vormonaten. Denn die Händler wollen die Kontingentvorgaben der Hersteller erfüllen – und ihre Prämien kassieren

AutoBild

Diese 7 Strategien empfiehlt AutoBild den Kunden

> Aktuelle Prospekte und Preislisten besorgen.

> Auch wenn die Zeit drängt: mehrere Händler aufsuchen, Interesse zeigen und ein erstes günstiges Angebot („Hauspreis") kalkulieren lassen.

> Aber: niemals spontan zuschlagen. Das „letzte günstige Auto" ist auch morgen noch da.

> Nie mit der Tür ins Haus fallen („Wie viel ist drin?"). Aber: genau wissen, was man will. Nur informierte Kunden werden ernst genommen.

> Den Hinweis des Verkäufers auf weitere Extras als (eventuell sinnvolle) Anregung betrachten. Aber das Auto nicht hochrüsten lassen. Sonst hat man zwar „irgendwie gespart" – aber unter dem Strich doch mehr gezahlt, als eigentlich geplant war.

> Nie extrem bluffen: Autoverkäufer sind Profis, die die Preise der Konkurrenz genau kennen. Sprücheklopfer sind sofort enttarnt – und geschwächt.

> Schließlich: Je mehr Zeit der Verkäufer in das Geschäft investiert, desto eher wird er es zu einem guten Abschluss bringen wollen. Und das für beide Seiten.

So feilschen Sie richtig

„Wir sind Partner, der Verkäufer und ich."
In Preisverhandlungen gibt es keine Sieger oder Verlierer – nur Partner. Gehen Sie locker ins Gespräch und lernen Sie, wie Sie Ihr Gegenüber packen können – bei der Ehre, beim Gefühl oder beim Verstand.

„Ich feilsche nur, wenn ich wirklich kaufen will."
Die Entscheidung für Ihr Wunschmodell sollte gefallen sein, bevor Sie den Preis diskutieren.

„Ich nehme nie das Wort Rabatt in den Mund."
Lassen Sie sich zunächst die Vorzüge des Autos schildern, fragen Sie nach den Besonderheiten.

„Ich nehme mir Zeit."
Gehen Sie im Gespräch auf Ihr Gegenüber ein, plaudern Sie über allgemeine Themen und signalisieren Sie Ihre Kaufbereitschaft.

„Ich greife nicht beim ersten Mal zu."
Nachdem Ihnen der Verkäufer das Produkt genau erklärt hat, verlassen Sie das Autohaus. Nehmen Sie Prospekte mit, merken Sie sich den Namen des Verkäufers.

„Beim zweiten Besuch starte ich die Initiative."
Gehen Sie am nächsten Tag auf Ihren Verkäufer zu. Machen Sie ihm ein Kompliment für seine kompetente Beratung. Geben Sie Ihre konkrete Kaufabsicht zu erkennen.

„Ich lasse den Verkäufer sein Angebot machen."
Sagen Sie ihm, dass sein Produkt Spitze ist, dass Sie aber Probleme mit dem Preis haben. Geben Sie ihm die Möglichkeit, neu zu kalkulieren oder seinen Chef zu fragen.

„Erst danach sage ich, wieviel ich bezahlen will."
Vermeiden Sie weiter die Worte Rabatt oder Preisnachlaß. Machen Sie ein konkretes Angebot in Mark, das realistisch ist und bei dem Sie glücklich sind.

„Wenn die Preisverhandlungen stocken, mache ich einen Umweg."
Statt per Kredit können Sie bar bezahlen. Fragen Sie nach Naturalrabatten: Gratis-Extras, längere Garantiezeit, eine Gratis-Wartung.

„Mit einem mickrigen Preisnachlass lasse ich mich nicht abspeisen."
Wenn der Verkäufer stur bleibt, vergessen Sie ihn. Suchen Sie sich ein anderes Autohaus. Da klappt's vielleicht leichter. Oder Sie bekommen ein besseres Gefühl, welcher Preis drin ist.

Die relativ junge und gut ausgebildete Kunden-Zielgruppe der Smart Shopper informiert sich außerdem über das Internet und holt sich so Informationen aus der ganzen Welt sozusagen in das Wohnzimmer. Zudem haben findige Unternehmer die Bedürfnisse dieser Kunden schnell entdeckt: Preisagenturen stellen Vergleiche an und recherchieren im Auftrag des Kunden den günstigsten Preis für das gewünschte Produkt.

Die zentrale Eigenschaft, die den Smart Shopper auszeichnet, ist sein unnachgiebiger Wille, Markenartikel zu günstigen Preisen erstehen zu wollen. Nach dem Wegfall des Rabattgesetz fragt er nicht mehr höflich nach Nachlässen oder Barzahlungsskonti, er fordert kompromisslos höchste

Rabatte, ohne mit der Wimper zu zucken. Wenn Sie ihm nicht entschieden entgegentreten, werden Sie von seinen **Rabattforderungen** regelrecht überrollt. Wer glaubt, ihm noch mit braven Standardargumenten das Wasser reichen zu können, hat sich getäuscht. Je unprofessioneller ihm ein Verkäufer entgegentritt, desto unverschämter werden seine Forderungen. Lässt der Verkäufer am Point of Sale gar Freundlichkeit und Höflichkeit vermissen, zieht dieses Vergehen im knallharten Preisgespräch beim Kunden absolute Unerbittlichkeit nach sich. Zudem wird der Smart Shopper dieses Unternehmen nicht mehr aufsuchen. Im Extremfall unterlässt er den Kauf oder wechselt die Herstellermarke.

Galt es früher eher als unschicklich, wie auf dem orientalischen Basar um Preise zu feilschen, so ist dies heute für den Smart Shopper sogar eine Tugend. Hemmungen in dieser Hinsicht kennt er nicht. Im Gegenteil, er verhält sich ausgesprochen **taktlos**. Obwohl er auf freundliches und höfliches Entgegenkommen bei den Mitarbeitern vom Verkauf besteht, lässt er dieses bei sich häufiger vermissen. Unbeirrt von anderen Kunden, die in den Verkaufs- und Ausstellungsräumen anwesend sind, beginnt er lauthals und ganz selbstverständlich zu feilschen und kann Sie dadurch in beachtliche Verlegenheit bringen. Zum Beispiel dann, wenn andere Interessenten oder gar einer Ihrer Stammkunden in Ihrer Nähe stehen. Der Smart Shopper will seine Preisvorstellung durchsetzen und fordert Rabatte und Nachlässe auf eine teilweise unverschämte Art. Er sucht sein Kauferlebnis in der intensiven, sportlichen Verhandlung mit einem ebenbürtigen Verkäufer. Dezente Zurückhaltung ist dabei nicht seine Sache.

Um Ihren Ruf und den Ihres Unternehmens ist es dann nicht mehr zum Besten bestellt, wenn Sie vor Zuhörern in das Rabattgespräch mit dem Kunden einsteigen, in die Defensive geraten und dazu gezwungen sind, unerhörte Nachlässe zu gewähren. Sie sind nicht zu beneiden, wenn Sie sich in einer solchen Situation befinden. Blocken Sie die Rabattwünsche des Smart Shoppers ab, verlieren Sie den Kunden. Lassen Sie sich von den Forderungen überrollen, und geben Sie nach, riskieren Sie das Renommee Ihres Unternehmens und öffnen erst recht weiteren Smart Shoppern Tür und Tor. Die Kunst für Sie besteht also darin, den Spagat zu vollbringen, sowohl dem Smart Shopper ein Siegesgefühl beim Preisgespräch zu vermitteln als auch gleichzeitig die Rabattzusagen deutlich zu reduzieren.

Ein weiteres Merkmal des Smart Shoppers ist die Art und Weise, wie er auf den Preis zu sprechen kommt. Während der weniger smarte Kunde den Preis in der Regel frühestens während Ihrer Lösungspräsentation (siehe Seite 82), meist jedoch in der Phase des Verkaufsabschlusses zur Sprache bringt, fällt der „toughe" Smart Shopper sozusagen mit der Tür ins Haus. In repräsentativen Testkaufstudien ermittelten unsere Mitarbeiter von VERWEYEN CONSULTING das Verhalten der Smart Shopper am Point of Sale.

Ergebnis unter anderen: Die aufgeklärten und kritischen Smart-Shopper-Kunden bringen den Preis bereits zu Beginn der Warm-up-Phase ins Spiel. Ganz ausgefuchste Exemplare überfallen die Verkäufer gleich bei der Begrüßung mit den Worten: *„Sagen Sie mal, wie viel Rabatt geben Sie hier eigentlich?"* Durch dieses Käuferverhalten wird die für einen erfolgreichen Abschluss so wichtige Warm-up-Phase maximal reduziert. Wenn Sie sich als Verkäufer bereits in diesem Stadium auf die Preisfrage einlassen, können Sie den Preiskampf mit dem Kunden nie gewinnen. Trotzdem wurde in den Studien vielfach beobachtet, dass viele Verkäufer zu schnell auf die Preiseinwände eingehen. Die Verhandlungstaktik wird vom Kunden vorgegeben. Der Verkäufer wird in die Defensive gedrängt und ist gezwungen nur noch zu reagieren, während der Kunde sich in einer sicheren Verhandlungsposition fühlt. Er hat in vielen Gesprächen bereits erfahren, dass Rabatte und Nachlässe meist ohne große Gegenwehr gewährt werden. Zu oft ist er auf schlecht vorbereitete und wenig motivierte Verkäufer getroffen, die die einfachsten Verhandlungstechniken nicht oder nur teilweise beherrschen. Angesichts soviel Selbstbewusstseins kapitulieren viele Verkäufer und geben den Kunden häufig schon in einer frühen Phase des Verkaufsgesprächs Rabattzusagen im zweistelligen Bereich.

Deshalb feilschen Smart Shopper um Rabatte

Warum immer mehr „Smart-Shopper"?

… weil doch heute nur der „Depp" nicht nach Rabatt fragt!	*… weil die Medien die Frage nach Rabatt suggerieren!*
… weil man mit Rabatten „protzen" kann!	*… weil dies eine Folge der „Rezessionskulur" ist!*
… weil der Rabatt salonfähig geworden ist!	*… weil „Exklusivprodukt" zum „Billigpreis" en vouge ist!*

Betrachtet man die Untersuchungsergebnisse genauer, wird schnell klar, dass der Kunde trotz seiner preisfixierten Verhandlungtaktik Vertrauen und Sicherheit im Gespräch mit dem Verkäufer sucht. Die zur Zeit vielfach praktizierte Nachlasspraxis bewirkt jedoch das Gegenteil. Ein Beziehungsaufbau wird durch das frühzeitige Preisgespräch mit dem Kunden unmöglich gemacht, Vertrauen kann nicht entstehen. An dieser fehlenden Basis gleich zu Beginn kranken dann alle folgenden Phasen des Gesprächs, wenn es denn überhaupt zu weiteren Verkaufsverhandlungen kommt.

Das Selbstverständnis des Kunden hat sich in den letzten Jahren grundlegend gewandelt. In den nächsten Jahren zeichnet sich eine weitere grundlegende Änderung der Bedürfnis- und Kaufstruktur der Konsumenten ab. Viele Kunden sind allgemein hervorragend informiert über das Angebot und die Qualität der gewünschten Produkte. Sie achten verstärkt auf ein ausgewogenes Preis-/Leistungsverhältnis und streben nach so genannten Konsumerlebnissen. Das Feilschen um Rabatte birgt für den Smart Shopper eine hohe Erlebnisqualität und wird für viele zum wichtigsten Kaufkriterium.

Gründe für die Rabattfeilscherei hat der Smart Shopper viele: Denn heute fragt doch nur der „Depp" nicht nach Rabatten! Zudem suggerieren

Presse und Medien dem Kunden nachhaltig, tüchtig zu feilschen und sich nicht übers Ohr hauen zu lassen. Das Fragen nach höchstmöglichen Nachlässen ist auch bei gutverdienenden Konsumenten salonfähig geworden. Und nicht nur das: Exklusivprodukte zu Billigstpreisen einzukaufen ist sogar en vogue. Unter Smart Shoppern mit hohem Einkommen ist es üblich, vor den anderen damit zu protzen, wer die höchsten Preisreduzierungen erkämpft hat. Dabei werden dann schon einmal im Eifer der Selbstdarstellung einige „Rabattpünktchen" mehr draufgeschlagen als tatsächlich erzielt wurden. Der auf diese Weise stark beeindruckte Zuhörer kommt nun als Käufer zu Ihnen und will dasselbe Rabattergebnis – am liebsten gleich noch höher – erreichen. Insofern müssen Sie bei Ihren Smart Shopper-Kunden damit rechnen, dass sie – schon wenn sie die Verkaufsräume betreten und auf Sie zukommen – unter einer gewissen Stresssituation stehen. Sie folgen einem Gruppendruck, der sie dazu zwingt höchste Rabatte zu erzielen. Hat der Smart-Shopper-Freund oder -Kollege mit 10 Prozent Nachlass bei seinem jüngsten Kauf geprotzt, wird Ihr Kunde jetzt mit einer Forderung von 15 Prozent oder mehr bei Ihnen antreten. Zum einen rechnet er damit, dass Sie eventuell versuchen werden, seine Rabattvorstellung nach unten zu drücken, zum anderen wäre es für ihn das doppelte Vergnügen, wenn er einen noch niedrigeren Einkaufspreis erzielen könnte.

Wehe dem, der Smart Shopper-Kunde hat nicht gleich von Anfang an das Gefühl, freundlich und zuvorkommend behandelt zu werden. Der kleinste Ausrutscher des Verkäufers wird sofort mit noch höheren und unnachgiebigeren Nachlassforderungen geahndet. Natürlich baut sich dadurch eine scheinbar unüberbrückbare Kluft zwischen Kunde und Verkäufer auf. Diese kann nur überbrückt werden, wenn Sie beim Käufer eine maximale Wohlfühl-Situation erreichen. Das heißt, eines Ihrer obersten Ziele muss darin bestehen, eine vertrauensvolle, emotionale Basis aufzubauen. Wenn Sie das geschafft haben, wird es Ihrem Gegenüber unmöglich sein, Preisnachlässe in unverschämter Höhe von Ihnen zu fordern.

Kunden feilschen also, weil sie einem gewissen Gruppenzwang folgen und weil Sie beim Handeln um Rabatte den ultimativen Erlebniskick suchen.

Es gibt aber auch noch einige tieferliegende Motive, die den Käufer in die Schlacht um jeden Preis treiben. Weil bestimmte bewusste oder auch unbewusste Erwartungen des Kunden an die Kaufsituation nie oder nur selten erfüllt werden, sucht er nach Ersatzbefriedigungen, die für ihn den Kauf zum interessanten Ereignis werden lassen.

Schon seit einigen Jahren kann der Trend vom Versorgungs- zum Erlebniseinkauf beobachtet werden. Beim Kauf von Gütern des täglichen Bedarfs wie zum Beispiel Lebensmittel ist der Kunde eher pragmatisch orientiert. Er erwartet eine große Auswahl, Übersichtlichkeit, Selbstbedienung und niedrige Preise. Versorgungseinkäufe möchte er möglichst schnell tätigen. Er will Zeit und Geld sparen und legt viel Wert auf Bequemlichkeit. Bei hochwertigen Produkten dagegen erwartet der neue Kunde, Abwechslung Spannung, ein neues aufregendes Lebensgefühl. Der Verbraucher verbummelt Stunden in exklusiven Einkaufspassagen, lässt sich ausführlich beraten, genießt ein luxuriöses Ambiente und ist – wenn seine Erwartungen erfüllt werden – auch bereit unvernünftig viel Geld auszugeben. Shopping dient der Lebenslust und wird zum Mittel der Langeweile-Verhinderung. Dazu gehört eben auch das Handeln um jeden Preis. „Clever kaufen befriedigt, macht stolz, wird zum neuen Erfolgserlebnis" (Grey Strategic Planning).

Dem Bedürfnis nach Erlebniseinkaufen der Kunden folgen immer mehr Handelsbranchen. Am besten zeigen dies die Möbelmärkte und Einkaufszentren im Außenbereich vieler Städte, die neben Ihrem eigentlichen Produktangebot anregende und vielfältige Unterhaltungsprogramme für die ganze Familie bieten. Damit wird ein zusätzlicher Anreiz für Kunden geschaffen, die Einkaufsstätte zu besuchen – ein deutlicher Pluspunkt im harten Wettbewerb um den Verbraucher. Zusätzlich erreichen die Anbieter mit ihrem Erlebnisangebot, dass die Kunden sich länger in den entsprechenden Verkaufsräumen oder -zonen aufhalten. Damit nimmt auch die Wahrscheinlichkeit eines Kaufes zu. Und zu Guter letzt: Je länger ein Kunde bei dem einen Anbieter verweilt, desto weniger Zeit hat er, einen anderen aufzusuchen.

Die Hauptmotivation eines Kunden, erlebnisorientierte Einkaufswelten aufzusuchen, besteht jedoch darin, dass er damit in eine positive, anregende, prickelnde Stimmung versetzt wird, die ihm ein gutes Gefühl verschafft. Damit wird eine Emotionalisierung des Kunden erreicht. Er findet den Erlebniskick, den er beim Kauf eines hochwertigen Produktes sucht. Sind die Überraschungserlebnisse groß genug, wird der Kunde gleichzeitig nicht mehr so großen Wert auf ein ausgedehntes Feilschgespräch legen. Sein Bedarf an Spannung und Abenteuer wurde bereits auf andere Art ausreichend gedeckt.

Das erwarten Smart Shopper

Der Kunde will Erlebniseinkaufen. Allerdings bieten gerade die heute noch überwiegend kleinen Einzelhandelsbetriebe nur begrenzt Möglichkeiten zur Umsetzung erlebnisorientierter Einkaufskonzepte. Daher ist gegenwärtig eine Reihe von namhaften Herstellern dabei, selbst solche Konzepte einzusetzen. Ein Beispiel dafür ist etwa die „Autostadt in Wolfsburg", ein automobiler Freizeitpark, in unmittelbarer Werksnähe angesiedelt. In diesem Erlebniszentrum werden Unterhaltung, Information und Spaß miteinander gekoppelt, um die Besucher anzusprechen. Gleichzeitig soll damit natürlich auch ein Kontakt mit der Marke VW und seinen Konzerntöchtern geschaffen bzw. die Bindung mit diesen Marken verstärkt werden.

Welche Möglichkeiten gibt es nun, erlebnisorientierte Konzepte im Handel umzusetzen? Je nach den finanziellen Möglichkeiten gibt es dazu unterschiedliche Ansatzpunkte: Ein erster Ansatz ist zweifellos die erlebnisorientierte Warenpräsentation. Der Geländewagen auf einem Sandhaufen oder das Surfbrett auf dem Swimmingpool sind dafür simple Beispiele. Auch das Zubehör, das vielfach noch in hässlichen Verpackungskartons in den Unternehmen herumsteht, kann erlebnisorientiert ausgestellt werden: die Leichtmetallfelge in einem Formel-1-Ambiente oder die Teakholz-Sitzgruppe unter Palmen.

Erlebnisorientierung kann natürlich auch über Veranstaltungen vermittelt werden... Das Spektrum des Event-Marketings reicht von der Tanzveranstaltung mit einer Oldie-Band über die Autogrammstunde mit einem Sportstar bis hin zur Kunstausstellung. Erlebnisorientierung lässt sich auch über die Architektur und die Gestaltung des Betriebsgeländes erreichen. Piazza und Hangar bei Volkswagen und Audi sind dafür nur ein Beispiel... Entscheidend für den Erfolg des Erlebnismarketing, das zeigen viele Beispiele aus dem Automobilhandel, aber auch aus anderen Branchen, sind drei Faktoren: Erstens, dass ein ganzheitliches Konzept vorliegt. Notwendig ist dazu eine marketingpolitische Leitidee wie „Rennsport", „Freizeit" oder „American-Way-of-Life", um die herum dann alle Aktivitäten ausgewählt und gruppiert werden. Zweitens muss Erlebnismarketing langfristig angelegt sein. Nur hier und da eine Veranstaltung zu machen, reicht nicht aus. Kontinuität ist wichtig, weil sich das Erlebnismarketing nur so positiv auf den Bekanntheitsgrad und das Image auswirkt. Und schließlich drittens: Das Erlebnismarketing muss ganzheitlich geplant und umgesetzt werden. Das bedeutet, dass alle Gestaltungselemente wie Architektur, Veranstaltungen, Warenpräsentationen etc. den gleichen thematischen Bezug haben. Last but not least sollte eines nicht vergessen werden: Erlebnisorientierung wird auch und vor allem von den Mitarbeitern vermittelt. Von deren Aussehen und Auftreten hängt es vor allem ab, ob beim Kunden positive oder negative Emotionen geweckt werden.

3.2 | Anforderungen an den Verkäufer der Zukunft

Der neue Kunde ist verwöhnt. Er will bestimmte Grundvoraussetzungen beim Kauf erfüllt haben. Wenn ihm diese von Ihnen nicht geboten werden, wird er sang- und klanglos aus Ihren Verkaufsräumen verschwinden und beim Wettbewerb einkaufen. Weil er sich bereits im Vorfeld umfangreich über das gewünschte Produkt – im Schnitt bei 3 bis 4 Händlern vor Ihnen – informiert hat, ist er meist nicht an Fachmonologen mit dem Verkäufer interessiert. Höchstenfalls steigt er engagiert mit Ihnen in einen gemeinsamen Fachdialog ein. Rufen Sie sich bei jedem Ihrer Verkaufsgespräche aber auf jeden Fall immer wieder ins Gedächtnis, dass Ihr Kunde nur bei Ihnen kaufen wird, wenn Sie ihm eine hohe Wertschätzung entgegenbringen. Die Kunde-Ist-König-Haltung ist ihm dabei nicht so wichtig wie partnerschaftliche Anerkennung. Zu viel stereotype Hoffart stempelt er in seiner pragmatischen Art als unglaubwürdig ab. Ein partnerschaftlicher, respektvoller, lockerer Umgang ist dieser meist jüngeren Zielgruppe lieber als servile Bauchpinselei. Abschlussgier und penetrante Überredungskunst schätzt er überhaupt nicht. Er hat zwar durchaus Verständnis für Ihr Geschäftsinteresse, aber nur so lange seine Interessen als Kunde dabei genauso gewahrt bleiben. Er ist zu intelligent, um nicht zu wissen, dass beide Seiten ihren Vorteil suchen, was er durchaus für legitim hält. Wertschätzung bedeutet für den neuen Kunden also Respekt und Akzeptanz, sowohl menschlich als auch fachlich. Wenn Sie ihm diese Haltung authentisch und nicht nur aufgesetzt entgegenbringen, schlägt sie sich positiv auf sein Verhalten Ihnen gegenüber, vor allen auch in der Preisverhandlung nieder.

Smart Shopper verstehen sich als Individualisten und wollen auch als solche behandelt werden. Natürlichkeit und Spontaneität kommen ihrem Bedürfnis nach Erlebniseinkaufen sehr entgegen. Sie fühlen sich als einmalig und haben es am liebsten mit einmaligen Verkäufern zu tun, die auf ihre Individualität eingehen. Dass diese Erwartungshaltung ein hohes Maß an Einfühlungsvermögen und Flexibilität bei Ihnen voraussetzt, steht außer Frage.

So können Sie den Smart Shopper überraschen

Warum soll der Kunde bei Ihnen kaufen? Was haben Sie besonderes zu bieten? Kunden können heute problemlos, in aller Ruhe zwischen verschiedenen Anbietern wählen. Deshalb sind über das Produkt hinaus eine Menge anderer Faktoren bei einer Kaufentscheidung wichtig. Zu häufig versuchen Verkäufer mit der Standardaussage *„Bei uns erhalten Sie einen ganz besonderen Service"*, vom Preisgespräch abzulenken. Die Erfahrungen vieler Kunden mit dieser Aussage sind allerdings in der Praxis nicht berauschend. Enttäuscht stellen sie fest, dass sich hinter der vielsagenden Versprechung lauwarmer Allerwelts-Service verbirgt.

Standard Service ist jedoch für den Smart Shopper kein Thema mehr. Er setzt ihn einfach voraus. Service erlebt er nur als Mehrwert, wenn er ihn als etwas Besonderes empfindet. Nur der individuelle Service entscheidet zunehmend über die Bereitschaft „ein wenig mehr" zu bezahlen. Händler, die tatsächlich einen unvergleichlichen Service bieten, berichten vom enormen Erfolg bei den Gesprächen mit den Rabattjägern und vielen neuen und treuen Stammkunden. Der Kunde von heute liebt auch beim Service das Kreative, Überraschende oder auch Menschliche. Wenn Sie ihm spontan einen kleinen Gefallen leisten, mit dem Sie ihn als Individuum wertschätzen, können Sie unter Umständen mehr Eindruck hinterlassen als durch unpersönlich umgesetzte Servicekonzepte. Serviceleistungen, bei denen der Kunde das Gefühl hat *„Das hat der Verkäufer nur für mich getan"*, treffen emotional ins Schwarze. Unfreundlichkeit oder das Fehlen von Service ahndet er jedoch mit dem totalen Boykott des Unternehmens.

Spontane, originelle Serviceeinfälle können für den Smart Shopper Teil seines Erlebnisgefühls sein, das er bei seinen Einkäufen sucht und erwartet. Erlebnis beginnt bei ihm mit dem ungewöhnlichen, anregenden Ambiente (Erlebniswelt), findet seinen Höhepunkt in einem kurzweiligen unkonventionellen Verkaufsgespräch mit einem aufgeschlossenen Verkäufer und endet mit individuellem Service. Smart Shopper wollen beim Kauf positive, inspirierende Gefühle erleben. Jeder gelangweilte, lustlose

Verkäufer ist Gift für den Umgang mit Smart Shoppern und wird diese Klientel in Windeseile vertreiben. Denn diese sucht Spaß mit dem Verkäufer. Smart Shopper genießen kurzweilige Wortgefechte mit motivierten modernen Verkäufern, die vermitteln, dass auch sie Freude haben an diesen neuen, selbstbewussten und ebenbürtigen Kunden und dem spielerischen Preiskampf zweier Gegner, die sich jedoch grundsätzlich wohlgesinnt sind. Wenn Sie dem Smart Shopper diese Haltung entgegenbringen, steht Ihrem Verkaufserfolg nicht mehr viel im Wege. Im Übrigen werden auch Sie dadurch wieder mehr Spaß an Ihren Verkaufsgesprächen finden.

Mit folgenden so genannten „Aha-Anforderungen" können Sie Ihre Kunden überraschen und sich gegenüber dem Wettbewerb abheben:

> Die vollständige Auswahl an Standardmodellen und Sonderausstattungen
> Ein attraktives Zubehörangebot
> Eine Führung durch das Unternehmen
> Öffnungszeiten von 06:00 Uhr bis 20:00 Uhr
> Sonntags zur Besichtigung geöffnet
> Übersichtliche und moderne Präsentation der Fahrzeugmodelle
> Kundenkarten
> Angebot von allen Finanzdienst- und Versicherungsleistungen
> EDV-gestütztes Angebotswesen
> Bequeme Parkmöglichkeiten
> Optimale Lage und Erreichbarkeit des Unternehmens

Wie Sie Smart Shopper für sich gewinnen

Wenn Sie auch in Zukunft Verkaufserfolge erzielen wollen, müssen Sie Ihr Verhalten an diesen neuen Kunden messen und sich auf sie einstellen. Ihr Ziel muss es sein, ebenfalls „smartes" Verhandlungsgeschick zu erreichen. Das heißt, selbstsicher mit Spaß und Motivation in das Verkaufsgespräch und die Preisverhandlung mit dem Kunden einzusteigen. Mit dieser Einstellung werden Sie den zukünftigen Anforderungen der neuen Kundengeneration nicht nur gewachsen sein – nein – Sie werden das Kundenverhalten maßgeblich beeinflussen und treue Stammkunden erhalten!

Reagieren Sie deshalb nicht wie die meisten Verkäufer, die vielfach mit folgenden Aussagen auf die neue Smart Shopper-Kundengeneration antworten:

> *„… was wollen Sie denn noch sagen, wenn er das gleiche Auto um die Ecke billiger bekommt?"*
> *„… wenn ich das Wort Rabatt nur höre…!"*
> *„… am Ende ist der Preis entscheidend, nur der zählt!"*
> *„… da muss man halt durch!"*
> *„… das macht langsam keinen Spaß mehr!"*

Versuchen Sie im Gegensatz zu Ihren Verkäuferkollegen, eine positive Einstellung zu Ihren feilschenden Kunden zu entwickeln. Betrachten Sie die Preisdiskussion zukünftig als ganz normalen Bestandteil Ihrer Aufgabenstellung. Akzeptieren Sie grundsätzlich, dass Smart Shopper Nachlässe wollen! Auch wenn Ihnen diese Forderung der Kunden vollkommen gegen den Strich geht, umschreibt sie doch eine unumstößliche Erwartungshaltung der modernen Konsumenten, die keine noch so gute Verkaufsstrategie und kein noch so hervorragender Verkäufer ändern wird. Wenn Smart Shopper Ihr Unternehmen mit dem festen Vorsatz betreten zu feilschen, werden sie unter keinen Umständen Ihren feststehenden Preis akzeptieren. Ob ihre Nachlassforderungen aus der Luft gegriffen sind und sie nur Spaß am Pokern haben oder ob sie konkrete Wettbewerbsangebote in der Hosentasche mit sich tragen, ist unterm Strich irrelevant. Beim Abschluss zählt für sie einzig das Erfolgsgefühl, einen guten Deal gemacht zu haben. Nur das bestätigt sie in ihrem Smart-Shopper-Selbstverständnis.

Wenn Sie das Ziel vor Augen haben, Ihren Kunden die Rabattfeilscherei in Zukunft sukzessive abgewöhnen zu wollen, in dem Sie in der Preisverhandlung grundsätzlich hart bleiben, unterliegen Sie einem Irrtum und sind auf dem falschen verkäuferischen Weg. Denn das würde bedeuten, ein Drittel Ihrer Kunden vor den Kopf zu stoßen, ihnen ihr Einkaufserlebnis streitig zu machen und Gefahr zu laufen, sie zu verlieren. Das kann sich heute, nach dem Wegfall des Rabattgesetzes, kein Unternehmen mehr leisten. Ihnen bleibt nur eine Alternative: mit bestem verkäuferischen Geschick auf die Forderungen, die Ihre Kunden an Sie stellen, zu antworten und ihre Erwartungen an einen modernen und flexiblen Verkäufer zu erfüllen. Dann werden Ihre Verkaufsverhandlungen erfolgreicher verlaufen und Sie werden ein Ziel garantiert erreichen: In Zukunft werden Sie deutlich niedrigere Nachlässe an Ihre Kunden geben.

Praktizieren Sie Ihr erfolgreiches Verkaufsgespräch der Zukunft als ehrlichen, fairen Überzeugungsprozess, der Ihren Käufern das Gefühl von Individualität vermittelt. Beachten Sie bei Ihren Gesprächen mit Smart Shoppern folgende Punkte:

> Stellen Sie sich namentlich vor. Versuchen Sie so schnell wie möglich den Namen des Kunden zu erfahren. Und sprechen Sie Ihren Kunden dann mit seinem Namen an. Das wirkt persönlich.

> Lesen Sie zwischen den Zeilen, und lassen Sie „Ihren Bauch sprechen". Versuchen Sie, zügig die Bedürfnisse und Wünsche Ihres Kunden zu erfassen.

> Überzeugen Sie den Smart Shopper mit Ihrer Fachkompetenz. Aber nur, wenn er erkennen lässt, dass er an einem Fachdialog interessiert ist.

> Vermitteln Sie Ihrem Gegenüber Vertrauen und Sicherheit. Stellen Sie eine emotionale Bindung her.

> Zeigen Sie in jeder Minute des Verkaufsgesprächs Freundlichkeit.

> Vermitteln Sie durch einen offenen, vertrauensvollen Blickkontakt, dass Sie authentisch, also echt sind und keine Verkäufershow abziehen.

> Erweisen Sie dem Smart Shopper zu jeder Zeit aufrichtige Wertschätzung.

> Beweisen Sie im Verkaufsgespräch Einfühlungsvermögen (Empathie).

> Geben Sie Ihrem Kunden das Gefühl, dass Sie in ihm jemand ganz Besonderen sehen.

> Versuchen Sie, Ihr Gegenüber wirklich zu verstehen. So können Sie seine Gefühle besser ansprechen.

> Dreschen Sie auf keinen Fall „Standard-Verkäuferphrasen".

> Zeigen Sie, dass Sie ein hervorragender Zuhörer sind (aktives Zuhören).

> Vermitteln Sie Ihrem Kunden überzeugend den individuellen Nutzen, den das entsprechende Produkt ihm bietet.

> Verkaufen Sie das gewünschte Produkt als etwas ganz Hochwertiges.

> Beweisen Sie verkäuferisches Selbstbewusstsein, das dem des Smart Shoppers ebenbürtig ist. Sie äußern es auf natürliche Weise in Ihrer Stimme, Ihrer Rhetorik und Ihrer Körperhaltung.

> Kommunizieren Sie unkompliziert und ehrlich mit Ihrem Kunden.

> Zeigen Sie Ihre Begeisterungsfähigkeit, und begeistern Sie gleichzeitig Ihren Kunden.

> Gewinnen Sie Spaß am Feilschen mit dem Smart Shopper. Werden Sie noch „smarter" als Ihr Gegenüber.

> Finden Sie Ihre verkäuferische Natürlichkeit und verkaufen Sie spontan und unkonventionell.

> Erzeugen Sie Spannung bei Ihrer Verkaufspräsentation.

> Geben Sie dem Smart Shopper immer das Gefühl, dass er als Sieger aus der Verkaufsverhandlung hervorgeht.

> Zeigen Sie in jeder Phase des Gespräches hohe Servicebereitschaft.

> Bleiben Sie immer Sie selbst.

Und beherzigen Sie unbedingt folgenden **Tipp:**

Verschaffen Sie sich einen Wissensvorsprung: Informieren Sie sich über „alles, aber wirklich alles" was es zum Thema Rabatte, Nachlass, etc. gibt! Wenn Sie es nicht tun, Ihre Kunden tun es garantiert!

So qualifizieren Sie sich für den Smart Shopper

Kommt Ihnen der folgende Dialog bekannt vor?

Verkäufer:	„Guten Tag, kann ich Ihnen helfen?"
Kunde:	„Ja – ich interessiere mich für dieses Modell!"
Verkäufer:	„Wie gefällt Ihnen die Farbe und die Ausstattung?"
Kunde:	„Sehr gut, aber der Preis ist zu hoch!"
Verkäufer:	„Was haben Sie sich denn vorgestellt?"
Kunde:	„Na – mindestens 10 % Rabatt!"
Verkäufer:	„Da muss ich erst rechnen … o.k. mit 10 % können Sie es mitnehmen!"

Wie glauben Sie, reagiert der Kunde auf so ein Verkaufsgespräch? Mit großer Wahrscheinlichkeit wird der Kunde bei diesem Verkäufer nicht kaufen. Er kann es gar nicht tun, wenn er klug ist. Denn es wurde ihm viel zu leicht gemacht. Er hat das Gefühl: *„Da muss doch noch mehr drin sein!?"* Unter Umständen verlässt er das Autohaus mit den Worten: *„Ich werde es mir überlegen, ich komme noch einmal rein!"*

Wer ein richtiger Smart Shopper ist, braucht einen Sparringspartner, der es versteht, die Kunst des Feilschens zu leben. Sehen Sie es einmal aus der sportlichen Sicht des Smart Shoppers: Wenn dieser an einen „Gegner" gerät, bei dem er innerhalb kurzer Zeit ohne Gegenwehr zum Ziel kommt und „haushoch" gewinnt, gibt ihm das keinerlei Siegergefühl und damit keine Befriedigung, eine „Preisschlacht" gewonnen zu haben. Hat er allerdings einen ebenbürtigen Partner, mit dem er um jeden Prozentpunkt fighten – und knapp, ganz knapp gewinnen kann – dann hat er das wahre Siegergefühl erlangt, das für ihn der Höhepunkt seines Feilschspaßes mit dem Verkäufer ist.

Das heißt: Alleine die Tatsache, dass Sie sich als Verkäufer die Zeit nehmen und sich mit den Preiseinwänden des Kunden intensiv auseinandersetzen, eröffnet Ihnen die Chance, den ein oder anderen Prozentpunkt Rabatt weniger geben zu müssen. Halten Sie sich dabei immer Ihre Milchmädchenrechnung vor Augen. Jeder Prozentpunkt Nachlass, den Sie und Ihre Verkaufskollegen weniger geben, summiert sich am Ende des Jahres zu einem ansehnlichen Betrag. Am Ende des Jahres sind Sie die heimlichen Gewinner der Preisschlacht. Trotzdem haben Sie Ihren Kunden den Spaß am Preisgefecht und den Triumph des Sieges überlassen. Diese werden gerne wieder zu Ihnen kommen. Einen Großteil von Ihnen werden Sie sogar als Stammkunden gewinnen können.

Machen Sie sich deshalb die Mühe, und setzen Sie sich intensiv mit diesem Buch und den Strategien im Umgang mit dem Smart Shopper im folgenden Kapitel auseinander! Gehen Sie den anfangs unbequemen und steinigen Weg. Denken Sie um, und lernen Sie den neuen Kunden kennen! Verlassen Sie Ihre vertraute und gewohnte Komfortzone als Verkäufer und erweitern Sie Ihr Kompetenzfeld. Die ersten Versuche im neuen Umgang mit dem Kunden werden für Sie ungewohnt sein und Ihnen ein Gefühl der Unsicherheit vermitteln. Aber wie bei jedem Lernprozess wird Ihre Sicherheit und Ihr Selbstvertrauen auf dem neuen Gebiet schnell wachsen, wenn Sie das Gelernte sofort und häufig in der Praxis umsetzen. Es ist nichts anderes als zum Beispiel das Lernen einer Fremdsprache. Vielleicht sprechen Sie Englisch oder eine andere Sprache außer Deutsch leidlich aber eben nicht fließend. Sie können sich zwar verständlich machen, sind aber eher unsicher in der Anwendung, fühlen sich nicht wohl dabei, wenn Sie die fremde Sprache anwenden müssen.

Sie haben zwei Möglichkeiten: Sie bleiben in Ihrer so genannten „Komfortzone" und machen im deutschsprachigen Raum Urlaub oder dort, wo man deutsch versteht. Das ist der bequeme Weg. So werden Sie mit Ihrer Unsicherheit nicht konfrontiert. Oder Sie wagen den Schritt aus Ihrer Komfortzone heraus und fahren zum Beispiel in die USA. Am Anfang wird es mühsam und schwierig für Sie sein, die fremde Sprache artikulieren zu müssen. Doch mit jedem Urlaub werden Sie sicherer und beherrschen die Sprache besser. Sie haben Ihren Kompetenzbereich erweitert. Ihre neuen Kenntnisse wenden Sie nun ganz selbstverständlich an, so dass Sie sich jetzt auch mit Ihrem erweiterten Können genauso sicher wie früher in Ihrer Komfortzone bewegen. Nicht anders verhält es sich mit Ihren verkäuferischen Fähigkeiten im Umgang mit den Kunden der Zukunft. Wenn Sie dieses Buch und vor allem die praktischen Strategien in Kapitel 3.3 konsequent und täglich in der Praxis umsetzen und die Anwendung immer wieder üben, werden Sie ein verkäuferischer Könner im Umgang mit dem Smart Shopper. Diese spezifische Know-how wird in Zukunft ganz wesentlich zu Ihrem individuellen Erfolgsprofil als Verkäufer beitragen und letztendlich auch zum Spaß an Ihrem Beruf.

Halten wir also noch einmal fest: Ganz wichtig für Ihren Umgang mit dem Smart Shopper ist es, die Hintergründe für seine Rabattjagd zu verstehen und professionelle und erfolgreiche Strategien für das Preisgespräch mit ihm zu beherrschen. Denn grundsätzlich können Sie davon ausgehen, dass nicht jeder Ihrer Smart-Shopper-Kunden gleich smart ist. Es gibt die verschiedensten Ausprägungen smarter Handlungsweisen. Und es gibt vor allem die unterschiedlichsten Intensitäten smarten Kundenverhaltens. Angefangen beim preisgläubigen Sofortkäufer bis hin zum verhandlungssicheren und professionellen Rabattjäger. Dazwischen sind alle Ausprägungen smarten Verhaltens bei Kunden vorzufinden.

Fälschlicherweise wird jedoch häufig ein Schwarzweißbild des feilschenden Kunden favorisiert. Weiß verkörpert den „anständigen", fairen Kunden, der die festgesetzten Preise diskussionslos akzeptiert. Schwarz versinnbildlicht den absolut smarten Kunden, der clever und gnadenlos alle Möglichkeiten nutzt, sein Rabattziel in Höhe von bis zu 25 oder gar 50 Prozent zu erreichen. Unberücksichtigt dabei bleibt der mehr oder weniger smarte Kunde, die Grauzone an Käufern, die weder vollkommen preisgläubig sind noch zu 100 Prozent smart. Ihre Rabattforderungen bewegen sich in der Bandbreite weit unterhalb dieser Prozente. Und genau in diesem Bereich liegt der Spielraum für Ihr verkäuferisches Können und damit Ihre Chance.

In dieser Grauzone ist Ihr verkäuferisches Talent und Ihr Können im Umgang mit dem Smart Shopper gefragt. Bei diesen Kunden werden die entscheidenden Prozentpunkte weniger Rabatt gegeben und damit höhere Deckungsbeiträge erzielt. Hier liegt der Ansatzpunkt für Ihren verkäuferischen Erfolg. Nicht der „faire" Kunde entscheidet über Ihren Verkaufserfolg, auch nicht der absolut smarte Sieger, sondern die Mehrheit Ihrer Kunden, die zwar Anteile in unterschiedlicher Ausprägung haben, aber auch ihre Schwächen in der Schlacht um Rabatte, die Sie wiederum Boden gewinnen lassen. Denn zum Glück sind die meisten Smart Shopper immer noch Amateure, und es gibt noch sehr wenige Profis unter ihnen.

Entscheidend für Ihren künftigen Verkaufserfolg wird also vor allem sein, wie smart Sie selbst sind. Werden Sie deshalb zum 100 Prozent smarten Verkäufer, zum professionellen Smart Seller, den kein Kunde so schnell „in die Tasche stecken" kann.

Halten Sie sich die Motive des Smart Shoppers immer wieder vor Augen: Viele Ihrer Kunden stehen unter dem Druck, nach Rabatt fragen zu müssen. Sie wollen mindestens dieselben wenn nicht noch höhere Nachlässe herausschlagen wie ihr Nachbar, Freund, Kollege. Nach dem Slogan *„Ich bin doch nicht blöd"* … mehr zu bezahlen als unbedingt nötig, versuchen viele Ihrer Kunden mit Ihnen wie auf dem Basar zu handeln, auch wenn Sie das smarte Feilschen nicht unbedingt perfekt beherrschen.

Ihre Aufgabe als Verkäufer ist es, Ihren Kunden bei dieser schweren Aufgabe zu helfen. Geben Sie Ihrem Gegenüber das Erfolgsgefühl, Sie bis an die Grenze des für Sie erträglichen Rabattmaßes getrieben zu haben. Auch wenn Sie insgeheim wissen, dass Sie Ihren Nachlassrahmen bei weitem noch nicht ausgeschöpft haben. Wenn Sie es beherrschen, Ihrem Kunden nach dem Abschluss mit diesem Gefühl zu verabschieden, sind Sie ein Könner in der hohen Schule des Smart Selling. Ihr Erfolg als Verkäufer der Zukunft hängt deshalb in entscheidendem Maße von Ihrer persönlichen Einstellung, Ihrem Engagement und Ihrer Lernbereitschaft ab, den Umgang mit den neuen Kunden zu perfektionieren.

Von Ihrem Willen hängt es ab, ob Sie sich das notwendige Wissen aneignen wollen und werden, um damit die Voraussetzung für Ihr Können am Point of Sale zu schaffen. Ein wirklicher Könner im Umgang mit dem Smart Shopper werden Sie allerdings erst dann, wenn Sie Ihr neu gewonnenes Wissen in der Praxis immer wieder anwenden. Mit zunehmender Sicherheit im Umgang mit den neuen verkäuferischen Strategien und den Erfolgen, die Sie dadurch erzielen, wird auch Ihre Verkaufs-Motivation wieder wachsen. Und damit wird wiederum Ihr Wollen angeregt, Ihr verkäuferisches Können im Umgang mit dem Smart Shopper immer mehr zu perfektionieren. Es liegt an Ihnen, diese Erfolgsspirale in Gang zu setzen. Beginnen Sie noch heute damit, und erarbeiten Sie sich konzentriert die folgenden praktischen Strategien im Umgang mit dem Smart Shopper.

3.3 | Strategien im Umgang mit dem Smart Shopper

Betrachten Sie künftig die Preisdiskussion als ganz normalen Bestandteil Ihrer Aufgabenstellung im Verkauf. Als Verkäufer der Zukunft brauchen Sie unbedingt

> eine positive Einstellung zu diesem Teil Ihrer Arbeit,
> das Wissen um die emotionalen Hintergründe der neuen Smart-Shopper-Kundengeneration und
> professionelle Strategien für die Preisdiskussion.

Analysieren Sie Ihre Kundengespräche einmal kritisch und beantworten Sie sich selbst folgende Fragen: Wie viel Prozent der Zeit eines Verkaufsgesprächs verbringen Sie damit, Ihren Kunden die konkreten Zahlen, Daten und Fakten eines Produktes zu erläutern und mit ihm die Preisdiskussion zu führen? Und welchen zeitlichen Anteil in Prozent nimmt ungefähr der gesamte emotionale Beziehungsaufbau in Anspruch? Tragen Sie die entsprechenden Prozentanteile hier ein. Vielleicht kommen Sie zu einem Verhältnis von 70 zu 30 oder 50 zu 50 oder 20 zu 80. Egal. Entscheiden Sie dabei ruhig nach Gefühl. Sie liegen mit Ihrer Selbsteinschätzung sicher nicht falsch.

Zahlen, Daten, Fakten   _20_ % Zeitaufwand

Beziehungsaufbau   _80_ % Zeitaufwand

Um sich klar zu machen, welche Gewichtung für den Erfolg Ihrer künftigen Verkaufsentscheidungen entscheidend sein wird, sollten Sie sich die Grundlagen der so genannten Eisbergtheorie vor Augen führen, die ich Ihnen auf den folgenden Seiten näher erläutern möchte.

Legen Sie besonderen Wert auf den Beziehungsaufbau

Weil Smart Shopper aus einer besserverdienenden Gesellschaftsschicht stammen, die meist aufgrund ihres höheren Bildungsstandes auch über eine breite und fundierte Informationsbasis verfügten, ist diese Kundenzielgruppe vordergründig besonders stark für rationale Verkaufsargumente, also für Zahlen, Daten und Fakten empfänglich. Viele Smart Shopper lehnen deshalb durchsichtige Emotionalisierungsversuche von Verkäufern ab, und zwingen den Verkäufer sehr schnell auf die rationale Schiene und in die Preisdiskussion.

Häufig stellen Smart Shopper die Preisfrage bereits in der Warm-up-Phase. Ganz hart gesottene Feilscher überfallen den Verkäufer mit ihren Rabattwünschen noch vor der Begrüßung, kaum dass sie den Verkaufsraum betreten haben. Sind sie mit den Zugeständnissen des Mitarbeiters nicht gleich einverstanden, verlassen sie das Unternehmen wieder oder fahren härtere Geschütze in der Schlacht um jeden Preis auf. Deshalb muss im Umgang mit Smart Shoppern Ihre erste wichtige Strategie darin bestehen, sich niemals und unter keinen Umständen in einer so frühen Phase des Verkaufsgespräches auf eine Preisdiskussion einzulassen. Wenn Sie es doch tun, haben Sie die Todsünde im Umgang mit Smart Shoppern begangen. Sie geraten in die Defensive und langweilen Ihren Feilschkunden.

Blocken Sie die Preisfrage nicht brüsk ab, aber lassen Sie sich auch nicht näher auf die Preisverhandlung ein. Signalisieren Sie Ihre Bereitschaft und Ihren Spaß am Feilschen. Geben Sie Ihrem Kunden das Gefühl und die Sicherheit, dass er sein Feilscherlebnis bekommen wird und dass Sie bereit sind, mit ihm konkret in die Diskussion einzusteigen – aber nicht jetzt, nicht sofort. Greifen Sie die Frage des Kunden auf, und stellen Sie sie hintan. Bauen Sie Spannung auf, und überzeugen Sie den Kunden, dass noch einiges vorab zu klären ist, bevor Sie sich gemeinsam dem Genuss der Preisdiskussion hingeben.

Vermitteln Sie Ihrem Kunden das Gefühl, dass er einem ebenbürtigen Partner gegenübersteht, der ihn nicht übervorteilen, sich aber auch nicht die Butter vom Brot nehmen lassen will. Wie Sie dabei am geschicktesten vorgehen, erfahren Sie an konkreten Beispielen in Kapitel 3.4.

Machen Sie sich bewusst, dass auch Smart Shopper, wie alle Kunden, ihre Kaufentscheidung nicht vorwiegend aufgrund rationaler Motive treffen.

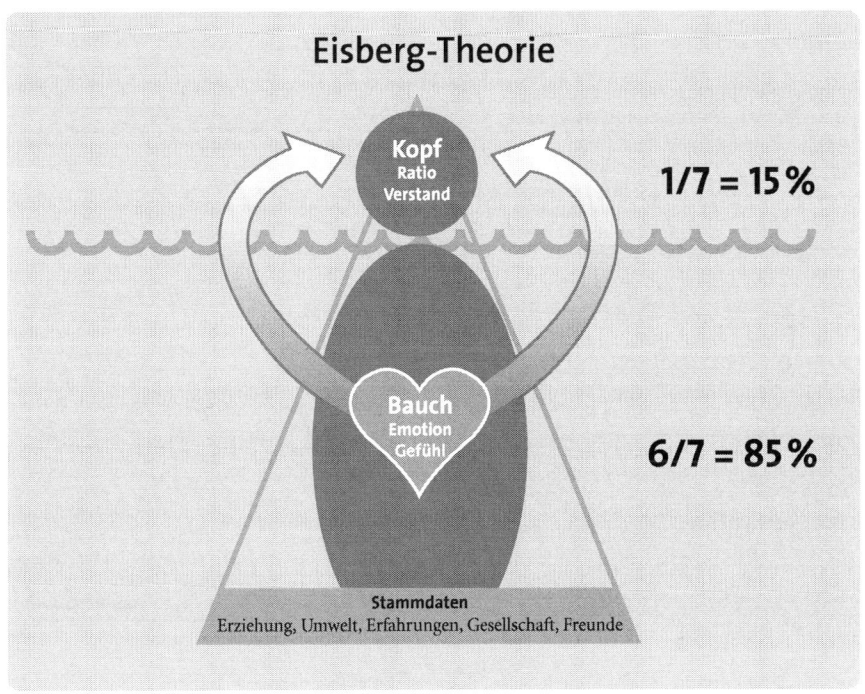

Merke!

Menschen entscheiden nicht **LOGISCH**
sondern **PSYCHOLOGISCH!**

Menschen benötigen aber häufig eine **rationale** Rechtfertigung
für ihre **emotionale** Entscheidung!

Der „Smart-Shopper" will der Sieger sein!

Geben Sie Ihrem Kunden dieses „Gefühl"!

Generell gilt für jede menschliche Entscheidung und damit auch für die Kaufentscheidung, dass rationales Verhalten nur die Spitze des Eisbergs aus einer Summe von bestehende Motiven darstellt. Der letztendliche Kaufentschluss leitet sich zum Hauptteil aus emotionalen Beweggründen ab, die tief in der Kundenseele verborgen sind. Die so genannte Eisbergtheorie postuliert, dass sich menschliches Verhalten lediglich zu 15 Prozent auf rationale Rechtfertigungen zurückführen lässt. 85 Prozent der Verhaltensanreize entspringen dagegen dem Unterbewusstsein. Das gilt auch und insbesondere für den Kauf eines Automobils.

Will ein Kunde zum Beispiel ein Roadster kaufen, ist der Wunsch nach diesem Fahrzeug meist sehr emotional gesteuert. Vielleicht wird er nach außen hin – seiner Familie, seinen Freunden, seinen Kollegen gegenüber – versuchen, den Kauf durch den besseren Wiederverkaufswert rational zu rechtfertigen. Besonders bei diesem Fahrzeug wird dies jedoch sehr schwer fallen: Das Fahrgeräusch ist laut, die Bequemlichkeit lässt zu wünschen übrig, der Platz ist beschränkt, der Preis ist hoch … Emotionale Beweggründe, ein solches Fahrzeug zu kaufen, gibt es jedoch genug: *„War schon als kleiner Junge mein Traum…“, „Ist ein wahnsinniges Fahrgefühl – mit nichts vergleichbar…“, „Macht einfach Fun, offen zu fahren…“, „Jeder guckt mal an der Ampel rüber – Männer mit Neid, Frauen mit Interesse…“* usw.

Dasselbe Verhältnis zwischen Gefühl und Kopf, Bauch und Verstand, Emotion und Ratio finden Sie auch beim Kauf vieler anderer Produkte wieder. Nur wirken die rationalen Rechtfertigungen des Kunden bei einem Kombi wesentlich glaubwürdiger als bei einem Cabrio. Die Wahl einen Kombi an sich zu kaufen, mag eine rationale, bedarfsorientierte Entscheidung sein. Die Wahl der Marke, der Ausstattung und bei welchem Händler der Wagen gekauft wird, ist ausschließlich emotional geprägt.

Blättern Sie kurz zurück, und vergleichen Sie Ihre subjektive Gewichtung – Zahlen, Daten, Fakten versus Beziehungsaufbau – mit der Eisbergtheorie. Haben Sie in Ihren Gesprächen bereits das richtige Verhältnis erreicht?

Als professioneller Verkäufer verfügen Sie über vier grundlegende Kompetenzbereiche:

Fachkompetenz	Sie sind genau über alle Daten und technischen Details informiert. Sie kennen alle erfolgreichen Verhandlungsstrategien.
Methodenkompetenz	Sie können dieses Produkt einsetzen und beherrschen alle technischen Details. Sie sind in der Lage, die jeweils passenden Strategien im Gespräch mit Ihren Kunden einzusetzen.
Persönliche Kompetenz	Sie haben Ihren ganz unverwechselbaren Stil als Verkäufer, verfügen über Selbstbewusstsein und sind überzeugt von dem, was Sie tun.
Soziale Kompetenz	Sie kommen bei Ihren Mitmenschen hervorragend an. Sie sind bei Ihren Kunden beliebt und können andere sehr schnell von Ihrer Person überzeugen. Andere Menschen haben gerne Kontakt mit Ihnen. Sie gewinnen schnell Freunde.

Die verkäuferische Kompetenz

	Fachkompetenz	Methodenkompetenz	
Ratio	Sie besitzen das <u>theoretische</u> Wissen über Produkte und Leistungen. Wirkt nach innen.	Sie können Produkte und Leistungen <u>praktisch</u> einsetzen und anwenden (z. B. Sie können ein Auto fahren). Wirkt nach außen.	**Ratio**
Emotion	**Persönliche Kompetenz** Wie ist meine (verkäuferische) Performance? Wie ist meine Persönlichkeit in der Eigenbetrachtung? Wirkt nach innen.	**Sozialkompetenz** Wie gehe ich mit Menschen, in meinem Umfeld um? Wir mein Eigenbild von anderen bestätigt? Wirkt nach außen.	**Emotion**

Ihre Fach- und Methodenkompetenz fällt in den Bereich rationale Kompetenzen, während Sie mit Ihrer persönlichen und sozialen Kompetenz Ihren emotionalen Kompetenzbereich ausfüllen. Viele Verkäufer glauben, dass ihre Kenntnisse im fachlichen und methodischen Bereich im Verkaufsgespräch im selben Umfang gefragt sind wie ihre sozialen Kompetenzen, also im Verhältnis 50:50. In unseren Studien am Point of Sale konnten mein Partner Alexander Verweyen und ich feststellen, dass eine Mehrheit der Verkäufer sogar schwerpunktmäßig Zahlen, Daten und Fakten an den potentiellen Käufer weitergeben. Der emotionale Bereich, das heißt der Aufbau von Beziehung zum Kunden, wird dadurch vernachlässigt. Die emotionalen Kompetenzen der Verkäufer kommen vielfach in den Gesprächen mit den Kunden zu kurz.

Betrachten Sie folgende Abbildung:

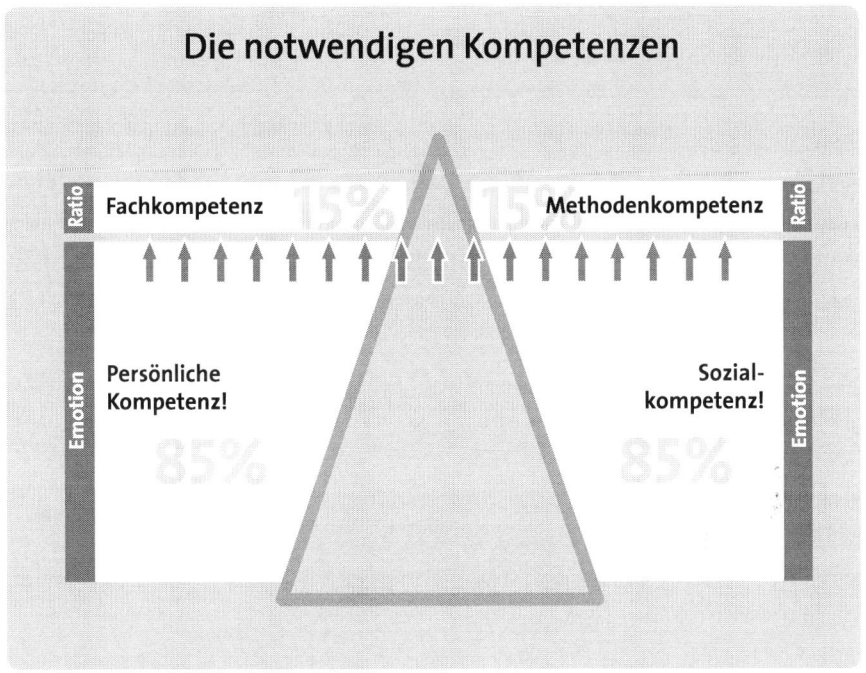

Geht man davon aus, dass Verkäufer im Durchschnitt ihre rationalen und emotionalen Kompetenzen im Verhältnis 50:50 in ihren Verkaufsgesprächen einsetzen, ergibt sich – wenn man das Postulat der Eisbergtheorie berücksichtigt (siehe Abbildung oben) – ein Defizit von 35 Prozent im emotionalen Bereich. Als Verkäufer der Zukunft besteht eine Ihrer wichtigsten Aufgaben also darin, Ihre Kenntnisse und Fähigkeiten im persönlichen und sozialen Bereich zu perfektionieren und im Gespräch mit Ihren Kunden verstärkt zur Anwendung zu bringen: Persönliche und soziale Kompetenz im Kundengespräch geht vor Fach- und Methodenkompetenz.

Smarting®
Das Preis-Stabilitäts-Training

Sie haben erfahren, warum der moderne Konsument ein verändertes Verhalten an den Tag legt und mit Ihnen gerne um Rabatte feilscht. Wenn für Sie die Hintergründe dieses Verhaltens klarer sind und Sie Ihre Kunden damit besser verstehen, ist es auch leichter für Sie, mit ihnen umzugehen. Leidenschaftlichen Rabattjägern brauchen Sie in Zukunft nicht mehr mit Wut oder Resignation zu begegnen. Sie verfügen jetzt über den richtigen Schlüssel, um sie zu motivieren:

Steigen Sie mit Begeisterung in den Kampf um jeden Preis ein, und liefern Sie den Smart Shoppern ein sportliches Gefecht. Nur so können Sie den neuen Konsumenten für sich gewinnen. Wenn Sie die folgenden zehn Smart-Strategien aus dem „ff" beherrschen und in der praktischen Anwendung perfektionieren, verfügen Sie über professionelle Techniken, um Ihren Kunden den gewünschten Feilschspaß zu bieten und Ihnen als ebenbürtiger Gegner zu begegnen.

Stellen Sie sich einen großen Schrank mit zehn Schubladen vor. Jede der zehn Schubladen enthält viele mögliche Antworten, mit denen Sie auf einen bestimmten Einwand Ihres Kunden reagieren können. Sie speichern in Ihrem Kopf jedoch lediglich zehn Schubladen mit der zugehörigen Beschriftung ab: Schublade 1 – erste Strategie, Schublade 2 – zweite Strategie usw. Wenn Sie einen Einwand Ihres Kunden hören, macht es in Ihrem Kopf sofort „Klick". Sie öffnen – bildlich gesprochen – die zu diesem Einwand passende Schublade und mit einiger Übung in der Praxis kommen Ihnen die passenden Antworten wie von selbst über die Lippen. Eine Anzahl möglicher Antworten werde ich Ihnen in diesem Buch zur Auswahl geben. In Ihrer täglichen Verkaufspraxis werden Sie Ihre eigene Kreativität spielen lassen und noch weitere Antwortmöglichkeiten hinzufügen. Entscheidend für Sie ist nur, dass Sie die für jeden Einwand passende Strategie im Gedächtnis behalten. Die Antworten kommen dann wie von selbst.

Gleichgültig zu welchem Zeitpunkt Sie also mit dem Smart Shopper in die Feilschphase einsteigen – am besten natürlich in einer möglichst späten Phase des Verkaufsgesprächs, in der Sie bereits einen maximalen Beziehungsaufbau erreicht haben – Sie haben immer die richtige Strategie für jeden Einwand Ihres Kunden parat.

Zunächst möchte ich Ihnen die **zehn Erfolgsstrategien** für den Umgang mit dem Smart Shopper erklären. Anschließend erhalten Sie eine Auswahl verschiedener Antwortmöglichkeiten, jeweils passend zu den dazugehörigen Strategien, die Sie gleich morgen in der Praxis anwenden können.

Und noch ein wichtiger Tipp: Bevor Sie in die Feilschphase einsteigen, sollten Sie Ihrem Kunden folgende Fragen stellen:

> *„Wann möchten Sie mit dem neuen Fahrzeug starten/Wann möchten Sie bestellen?"*

und

> *„Wie wünschen Sie zu zahlen?"/„Welche Zahlungsweise wünschen Sie sich?"*

Warum sind diese beiden Fragen vorab so wichtig? Weil es für Ihre Verkaufstaktik ungemein bedeutend ist zu wissen, ob der Kunde heute bei Ihnen kaufen oder sich nur informieren möchte. Will er sich nur ein weiteres Angebot einholen, um dann bei dem Händler zu kaufen, der ihm den höchsten Nachlass gibt, muss Ihr Abschlussziel darin bestehen, mit dem Kunden eine feste Vereinbarung zu treffen, zum Beispiel für einen Folgetermin, ein Angebot usw. Verneint Ihr Kunde diese erste Frage von Ihnen, sollten Sie sich unter keinen Umständen in diesem Erstgespräch zu einer „allerletzten" Preiszusage verführen lassen. Denn Sie können in diesem Fall hundertprozentig sicher gehen, dass der Kunde Sie bei seinem nächsten Besuch erneut mit diesem Preis konfrontieren wird nach dem Motto: *„Ihr Konkurrent gibt mir denselben Preis…", „ein Prozent mehr…!"* *„Was ist bei Ihnen noch drin?"* Wenn der Kunde noch keine eindeutige

Kaufabsicht äußert, wird das Erstgespräch der Einstieg in die Feilschphase sein. Den endgültigen Preis sollten Sie jedoch noch in der Hinterhand behalten.

Äußert Ihr Kunde dagegen glaubhaft, dass er heute die Absicht hat zu kaufen, ist für Sie noch wichtig zu wissen, wie er zahlen möchte. Dieses Wissen können Sie dann vorteilhaft in Ihre Nachlassverhandlungen einbauen. Will der Kunde zum Beispiel im Autohaus einen Gebrauchtwagen in Zahlung geben, will er finanzieren oder leasen. Handelt es sich um ein Privat- oder Firmenfahrzeug?

Und vergessen Sie nie – gleichgültig welche Strategie Sie anwenden: Bleiben Sie immer freundlich! Lächeln Sie Ihren Kunden an!

1. *Die Hinterfrage-Strategie*

Smart Shopper arbeiten mit allen Mitteln und nehmen es mit der Wahrheit nicht immer so genau. Wie bereits erwähnt, stehen die Smart-Shopper unter Erfolgsdruck und jeder Trick ist ihnen recht, um dem Verkäufer eine hohe Rabattzusage abzuringen. Das Ziel der Smart Shopper ist es deshalb, Sie zu verunsichern und in die Defensive zu treiben. Sie schleudern Ihnen Argumente und Behauptungen entgegen, bei denen Ihnen die Luft wegbleibt und denen Sie bisher auch meist nicht mehr viel entgegenzusetzen hatten. Sobald Sie dann Verwirrung oder Unsicherheit zei-

gen, stehen Sie schon auf verlorenem Boden. Smart Shopper wittern Sie-
gerluft und sind von jetzt an nicht mehr zu bremsen. Beweisen Sie also
Rückgrat, und lassen Sie sich unter keinen Umständen anmerken, wenn
eine Aussage Ihnen für den Augenblick den Wind aus den Segeln nimmt.
Gerade jetzt informieren sich viele Smart Shopper in einschlägigen Ein-
kaufsführern, wie z. B. „Feilschen Sie um jeden Preis" von Sven Rhode
über wirksame Verhandlungsstrategien. Gewappnet mit solcherlei Informationen neigen Sie sehr häufig dazu, angebliche „Konkurrenzangebote"
in der Tasche zu haben.

Hier einige Beispiele beliebter Aussagen von Smart Shoppern, mit denen
diese in die Feilschphase einsteigen:
> *„Ihre Konkurrenz gibt mir deutlich mehr Rabatt!"*
> *„Mein Freund hat mir gesagt, ich bekomme mindestens 10 %!"*
> *„In der Zeitung liest man jeden Tag, wer nicht feilscht ist blöd!"*

Prüfen Sie diese Aussagen immer erst einmal auf Ihren Wahrheitsgehalt,
bevor Sie sich auf Preisverhandlungen einlassen. Fragen Sie genauer nach.
Hinterfragen Sie die Behauptungen. Geben Sie dem Kunden jedoch dabei
nie das Gefühl, dass Sie ihn kontrollieren oder bei einer Lüge ertappen
wollen. Damit erleidet er einen Gesichtsverlust, und seine Stimmung
schlägt ins Negative um. Ziel für Sie sollte unbedingt sein, Zeit zum Nachdenken zu gewinnen, um auf die Einwände des Kunden die passende
Folgestrategie aus der Schublade ziehen zu können. Gleichzeitig gerät der
Smart Shopper durch Ihr Hinterfragen in die Defensive. Denn Sie lassen
ihn spüren, dass er Ihnen nicht alles erzählen kann, weil Sie gewissenhaft
jeder Information auf den Grund gehen.

Und wenn Sie Ihren Kunden bei der Unwahrheit ertappen? Umschiffen
Sie diese Klippe elegant. Bringen Sie ihn nicht in Verlegenheit, indem Sie
auf seiner offensichtlichen Lüge herumtrampeln. Sie wollen den Käufer
ja nicht verlieren. Ihre Fragen haben schließlich lediglich dazu gedient, ein
mögliches Missverständnis, eine eventuelle Fehlinformation aufzuklären.
Jetzt ist der Irrtum beseitigt und Sie können die Preisverhandlung gemeinsam fortführen.

2. *Die Naturalrabatt-Strategie*

Ein legitimes Mittel, Rabatte umzupolen, besteht nach dem Wegfall der Zugabeverordnung darin, dem Smart Shopper Nachlässe in Form von „Naturalien" zu gewähren. Ihrer Kreativität sind nun dabei fast keine Grenzen mehr gesetzt. Die Naturalrabatt-Strategie ist aus zwei Gründen besonders zu empfehlen: Erstens unterlaufen Sie damit den Prozentkauf des Kunden und vermeiden so, dass sich bei Folgekäufen die gefürchtete Rabattspirale in Bewegung setzt. Außerdem können Sie dabei wertvolle Prozentpunkte gutmachen. Denn wenn Sie einem Kunden beim Kauf eines Produktes ein bestimmtes „Extra", zum Beispiel Dachgepäckträger, Windshot, Armstütze etc. als Naturalrabatt zugestehen, beträgt der tatsächliche Nachlass für Ihr Unternehmen nur den Gegenwert für den Einkaufspreis für das „Extra". In den Augen des Kunden haben Sie ihm jedoch einen Nachlass in Höhe des Listenpreises gegeben.

Je mehr Nachlässe Sie auf Naturalrabatte umpolen können, desto weniger kommt Ihr Unternehmen in Verruf, hohe Preisnachlässe zu geben. Bei einigen Kunden können Sie dadurch die leidige Rabattfeilscherei umgehen und die Prozentzahlen aus den Köpfen Ihrer Kunden löschen

Hier einige Aussagen des Smart Shoppers, die sich hervorragend für die Naturalrabatt-Strategie eignen:

> *„Lassen Sie sich etwas einfallen, wie Sie mir im Preis entgegenkommen können."*
> *„Ich zahle 20.000 Euro, mehr nicht."*
> *„Ich kaufe bereits den zweiten Wagen bei Ihnen. Da können Sie mir schon entgegenkommen."*

3. *Die Chef-Umkehr-Strategie*

Hartnäckige Smart Shopper greifen häufig Ihre Kompetenz als Verkäufer an und versprechen sich höhere Nachlässe, wenn sie mit dem Geschäftsführer verhandeln. Die Frage: „*Kann ich mit Ihrem Chef persönlich sprechen?*" lässt deshalb oft nicht lange auf sich warten. Gerade professionelle Einkaufsführer weisen immer häufiger darauf hin, dass der letzte Rabattpunkt vom Verkaufsleiter oder Inhaber kommt. „Nur mit dem Boss! Chef oder Abteilungsleiter bestimmen über den Preisspielraum. Deshalb immer mit dem Vorgesetzten sprechen." (Überall Rabatt, Fokus). Für diese Fälle sollten Sie gewappnet sein und gemeinsam im Team und mit Ihrer Geschäftsleitung schon im Vorfeld eine klare Linie abstecken, an die sich alle halten. Wenn die Führungskräfte hinter ihren Verkäufern stehen und ihnen auch in Anwesenheit des Smart Shoppers den Rücken stärken, hat dieser keine Chance, Sie gegeneinander auszuspielen.

Sprechen Sie sich also unbedingt mit Ihrer Geschäftsleitung ab, wie weit Sie maximal gehen können. Ihr Vorgesetzter nimmt bei der Chef-Umkehr-Strategie eine rigide Rabatthaltung ein. Besteht ein besonders hartnäckiger Kunde auf das persönliche Gespräch mit Ihrem Chef, dann holen Sie ihn persönlich und informieren ihn auf dem Weg zum Kunden zu folgenden 5 Punkten:

1. Name des Kunden! (Für die Begrüßung)

2. Worum geht es? (Zahlen, Daten, Fakten)

3. Was ist bis jetzt verhandelt? (Preis, Nachlass)

4. Gibt es die Aussage: Ich versichere Ihnen, ich besitze die volle Kompetenz und habe Ihnen den besten Preis gemacht?

5. Was muss noch getan werden? (Ihre persönliche Einschätzung)

In Anwesenheit des Smart Shoppers wird Ihr Chef dann erstaunt darüber reagieren, was für einen hohen Rabatt Sie Ihrem Kunden einräumen wollen. Er wird ihm bestätigen, dass so hohe Nachlässe in Ihrem Hause nicht üblich sind und er nur ausnahmsweise in diesem Ausnahmefall ein Auge zudrücken kann, weil Sie als Verkäufer offensichtlich und aus guten Gründen so entschieden haben, es sich um einen Ihrer Stammkunden handelt usw. Ihre Kompetenz und die Glaubwürdigkeit der Preisgestaltung Ihres Unternehmens wird dadurch untermauert.

Müssen weitere Nachlässe gegeben werden, soll der Nachlass zwischen Kunde und Verkäufer (nicht Chef) verhandelt werden. Der Vorgesetzte kann es wie folgt einleiten: *„Mein Verkäufer hat mich über Ihre genauen Vorstellungen informiert, ich möchte Ihnen nochmals bestätigen, dass Sie schon den maximalen Nachlass erhalten haben. Mein Verkäufer hat mich aber gebeten, bei Ihnen eine Ausnahme zu machen, da er Sie als Kunde für unser Haus gewinnen (behalten) möchte". „Bitte Herr Verkäufer, besprechen Sie das mit dem Kunden weiter!"* Wichtig: Nun sollte der Chef den POS verlassen und die weiteren Gespräche dem Verkäufer übergeben.

Grundsätzlich sollte für Sie und alle Verkäufer im Team gelten: Ziehen Sie Ihren Chef nur in äußersten Notfällen zum Verkaufsgespräch hinzu. Ihre Kompetenzen für Preisnachlässe müssen so klar umrissen sein, dass es auf Ihrer Seite im Feilschgespräch zu keinen Unsicherheiten kommen kann.

Hier drei Aussagen des Kunden, auf die Sie mit der Chef-Umkehr-Strategie reagieren sollten:

> *„Was, nur 5 Prozent? Das kann ja nicht wahr sein. Lassen Sie mich gleich mit Ihrem Chef persönlich sprechen."*
> *„Den Preis möchte ich nur mit dem Chef persönlich verhandeln"*
> *„Ich kenne einen Freund des Chefs. Ich bekomme deshalb in Ihrem Haus einen besonderen Preis."*

4. *Die Gegenleistungsstrategie*

Der Kunde benötigt ein „Gefühl was sein Rabatt wert ist". Daher verhandeln Sie mit der Gegenleistungsstrategie.

Beispiel

Der Kunde hat nahezu den gesamten Nachlass erhalten und fordert: »*Was geht noch am Preis?*«

> Nun können Sie Ihre Rabattforderungen festigen, indem Sie ihm anbieten, eine gewisse Gegenleistung zu erbringen und ihm dafür im Preis entgegenzukommen. *„Ich möchte Ihnen versichern, Sie haben das beste Angebot erhalten – wenn Sie Ihren Gebrauchtwagen selbst verkaufen kann ich …!"*

> Oder aber Sie haben das betreffende Produkt sofort lieferbar, nur die Ausstattung weist die eine oder andere kleine Abweichung von der Wunschvorstellung Ihres Kunden auf. Bieten Sie dem Kunden an, im Gegenzug zu Ihrer Rabattzusage, das Auto zu kaufen, das Sie bereits vorrätig haben. Damit schlagen Sie zwei Fliegen mit einer Klappe: Sie haben ein „betriebstreues" Stück weniger und Ihr Kunde kann sozusagen das Produkt gleich in Empfang nehmen.

Die Gegenleistungs-Strategie können Sie, so wie die Natural-Rabatt-Strategie, bei allen gängigen Nachlass-Fragen einsetzen, zum Beispiel:

> *„Welchen Rabatt bekomme ich bei Ihnen?"*
> *„Im Prinzip gefällt mir das alles ganz gut. Nur beim Preis müssen Sie sich noch etwas einfallen lassen."*
> *„Machen Sie mir Ihren letzten Preis."*

5. *Die Absolute-Beträge-Strategie*

Rufen Sie sich während der Feilschphase immer wieder ins Gedächtnis, dass Prozentzahlen im Kopf des Kunden die gefährliche Rabattspirale in Gang setzen. Er wird mit den Prozentpunkten, die er Ihnen aus den Rippen leiern konnte bei Freunden und Kollegen prahlen und selbstverständlich noch eins draufsetzen, sollte er wieder bei Ihnen kaufen wollen. Heute fordert Ihr

Kunde X Prozent, nach zwei Jahren beim Kauf des nächsten Produktes legt er mindestens fünf Prozent drauf usw. Und sein Nachbar kommt gleich am nächsten Tag und will mindestens denselben Rabatt bei Ihnen haben, weil er ja gehört hat, dass Sie ordentlich Nachlässe geben. Formulieren Sie deshalb Ihre Nachlässe niemals in Form von Prozentzahlen, sondern nennen Sie immer nur absolute Beträge: entweder den Endpreis oder den absoluten Betrag, den Sie bereit sind, vom Festpreis nachzulassen.

Kopfrechnen ist also wieder mehr gefragt denn je. Zur Not tut's auch der professionelle Umgang mit Ihrem Taschenrechner oder dem Rechner auf Ihrem Computer. Lassen Sie den Kunden aber nicht über Ihre Schulter schauen, so dass er sehen kann, wie Sie Prozentbeträge eintippen. Voraussetzung für Ihre ausgeklügelten Rabattschachzüge ist, dass die Geschäftsleitung gemeinsam mit dem gesamten Verkaufsteam einen festen Nachlassrahmen für die verschiedenen Situationen abgesteckt hat, an den sich jeder halten muss. Nur dann fährt ein Unternehmen eine klare und für den Kunden glaubwürdige Strategie. Der Händler, der seine Rabatte völlig beliebig und von Kunde zu Kunde unterschiedlich vergibt, steht im Kampf gegen Smart Shopper auf verlorenem Boden.

Wenn Ihr Kunde also zum Beispiel behauptet „*Bei der Konkurrenz bekomme ich 10 Prozent*", sollten Sie immer erst die Hinterfrage-Strategie vorschalten. Wenn Sie abgeklärt haben bei wem und unter welchen Bedingungen der Interessent diesen Nachlass bekommt, machen Sie Ihr Angebot. Nennen Sie immer nur den absoluten Betrag, den Sie nachlassen wollen. Auch wenn Ihr Angebot unter 10 Prozent liegt, wird den Kunden der ansehnliche Geldbetrag, den Sie ihm vor Augen halten, beeindrucken (bei einem durchschnittlichen Neuwagenverkaufspreis in Deutschland von ca. 18.000 € geben Sie hier 6 % oder über 1.000 €). Und wenn der Kunde noch nicht endgültig mit Ihrem Nachlassvorschlag einverstanden ist, erhöhen Sie mit der psychologischen Wirkung dieser Strategie Ihre Chance, den Kauf abzuschließen. Wenn Sie im weiteren Verlauf der Verhandlungen dann zum Beispiel noch einige Service-Zusagen machen, ist die Wahrscheinlichkeit recht groß, dass Sie das Rennen machen und zwar unterm Strich mit einem geringeren Nachlass als vom Kunden ursprünglich gefordert.

6. Die Zähigkeitsstrategie

Wie viel Prozent weniger Rabatt Sie tatsächlich beim Verkaufsabschluss mit einem Smart Shopper geben, hängt von Ihrer Zähigkeit ab und natürlich davon, wie gut Sie die Klaviatur der Smart-Strategien beherrschen. Sehen Sie das Feilschen mit einem Smart Shopper nicht als einen kräftezehrenden Verhandlungsmarathon, sondern als sportliche Herausforderung, bei der es darauf ankommt, wer besser trainiert ist. Das sind ohne Zweifel Sie, wenn Sie die zehn Smart-Strategien – zugeschnitten auf Ihre spezifische Verkaufs- und Produktsituation – professionell anwenden und die passende Strategien zum passenden Smart-Shopper-Argument aus dem Ärmel schütteln können.

Scheuen Sie sich nicht, genauso zäh wie Ihr Kunde zu bleiben und in einem Verkaufsgespräch zwei, drei, ja vielleicht sogar vier Smart-Strategien anzuwenden. Das Schlimmste, was Ihnen passieren kann, ist, dass Sie den Abschluss nicht machen. Aber das passiert Ihnen in Ihrer täglichen Verkaufspraxis ohnehin öfter. Sie können also nichts verlieren. Mit Zähigkeit und Ihren professionellen Strategien dagegen können Sie nur gewinnen und zwar einige Prozent weniger Nachlass. Und das zahlt sich, wie Sie am Beispiel der Milchmädchenrechnung gesehen haben, übers Jahr aus.

7. Die Marginal-Kolossal-Strategie

Viele Smart Shopper neigen dazu, Rabatte zu fordern, die jeder realistischen Grundlage entbehren. Sie greifen die Zahlen einfach aus der Luft, aus purer Lust herauszufinden, wie weit sie gehen können. Stellen Sie sich auf diese Eigenart Ihrer Smart-Shopper-Kunden ein. Reagieren Sie nicht unwirsch, ärgerlich oder empört. Bleiben Sie immer freundlich und gelassen. Mit der Einstellung, dass das Ganze ein Spiel ist, gelingt es Ihnen leichter, Ruhe zu bewahren.

Verkaufen Sie den Nachlass, den Sie geben, mit voller Überzeugung. Vermitteln Sie dem Kunden, dass Ihr Preis der beste ist, den Sie sich vorstellen können. In Anbetracht dessen, was Ihr Unternehmen bietet, ist Ihr Nachlassangebot einfach kolossal! Jedes Wettbewerbsangebot am Markt, das im Preis darunter liegt, kann der von Ihnen gebotenen Qualität und Ihrem hervorragenden Service unmöglich standhalten.

Wenn Ihr Kunde zum Beispiel 10 Prozent Rabatt möchte, bieten Sie ihm, von seiner hohen Forderung unbeirrt, Ihren Nachlass – natürlich als absoluten Betrag – von X Prozent mit voller Überzeugung und Begeisterung an: *„Ich kann Ihnen einen phantastischen Preis machen! Sie erhalten bei mir dieses Fahrzeug mit der hochwertigen Ausstattung…! Und außerdem bietet unser Unternehmen für Sie zusätzlich folgende Serviceleistungen obendrein…!"* Toll, wenn Sie den Kunden auch noch mit dem Namen ansprechen können – unvergleichlich!

Machen Sie den Nachlass, den Sie zu geben bereit sind, auf keinen Fall vor Ihrem Kunden klein, etwa so: *„Nein, also 10 Prozent sind bei uns nicht möglich. Wir können Ihnen leider nur… Prozent anbieten. Da ist nicht mehr viel drin. Da bin ich fast am Ende."* Damit manövrieren Sie sich augenblicklich in die schwächere Position und vermitteln Ihrem Kunden das Gefühl, er sei bei Ihrem Wettbewerber besser aufgehoben.

8. Die Bluff-Strategie

Für geübte Smart-Seller, die alle Smart-Strategien blind beherrschen, kann in bestimmten Fällen die Bluffstrategie besonders erfolgversprechend sein. Geben Sie dem hartnäckigen Feilscher irgendwann das Gefühl, dass er Ihre Möglichkeiten absolut ausgereizt hat – und zwar, bevor Sie Ihren letzten Trumpf ausgespielt haben. Schütteln Sie den Kopf, wenn der Kunde nicht auf Ihr Angebot eingeht, und sagen Sie ihm, dass das Ihr letztes Angebot ist, weil Sie sonst an dem Verkauf des Produktes nichts mehr verdienen. Bleiben Sie freundlich, aber konsequent. Lassen Sie den Kunden gehen, aber nicht ohne zu bedauern, dass das Geschäft nicht zustande gekommen ist.

Fangen Sie ihn dann in letzter Sekunde zum Beispiel am Ausgang ab: *„Halt, mir ist da gerade noch etwas eingefallen. Es täte mir wirklich sehr leid, wenn wir keine gemeinsame Lösung finden könnten. Schenken Sie mir noch ein paar Minuten Ihrer Zeit? Was halten Sie von diesem Vorschlag...?"* Es gibt hartgesottene Profiverkäufer, die Ihren Kunden am Parkplatz noch einmal aus seinem Auto herausholen, wenn sie zu hoch gepokert haben und das Preisgespräch vom Kunden bereits abgebrochen wurde: *„Stop, mir ist da gerade noch eine Idee gekommen. Nehmen Sie doch bitte noch einmal an meinem Schreibtisch Platz: Ich sehe noch eine Möglichkeit..."*

Gehen also auch Sie in Zukunft gelegentlich aufs Ganze, pokern Sie hoch, und bluffen Sie Ihre Kunden. Riskieren Sie es, den Kunden zu verlieren, und holen sie ihn im letzten Augenblick zurück, bevor er das Geschäft verlässt. Voraussetzung dafür ist natürlich, dass Sie tatsächlich noch einen Trumpf im Ärmel haben.

9. *Die Referenz-Strategie*

Erscheinen die meisten Smart Shopper auf den ersten Blick vernunftorientiert und ausschließlich preisfixiert, so täuscht dieser Eindruck in den meisten Fällen. Auch Smart Shopper brauchen Vertrauen in das Unternehmen, bei dem sie ihr ersehntes Produkt kaufen, in den Service, die Qualität der Wartung und vor allem auch in den Verkäufer, dem sie gegenüberstehen. Lassen Sie sich also nicht von einer kühlen, scheinbar gefühllosen Fassade irritieren, und setzen Sie verstärkt auf emotionale Bindung. So, wie der Smart Shopper von den Einkäufen seiner Freunde und Kollegen erzählt, die schwindelerregend hohe Nachlässe erhielten, viel mehr, als Sie zu geben bereit sind, können Sie auch den Spieß umdrehen. Erzählen Sie von Ihren Stammkunden, die keine oder nur geringe Preisnachlässe verlangen, weil sie vom Service und der Qualität Ihres Unternehmens seit langem überzeugt sind.

Geben Sie Referenzen an, und erzählen Sie anschaulich – am besten schon in den ersten Phasen des Beziehungsaufbaus – wie die Verkaufsgespräche mit Ihren besten Kunden ablaufen. Das schafft einerseits Vertrauen und andererseits auch eine gewisse Hemmschwelle beim Smart Shopper, Tiefstpreise zu fordern. Referenzen sind hier: Ihre Stammkunden, wie lange sind Sie in der Branche tätig, wie viele Produkte verkaufen Sie im Jahr (so viele Kunden schenken Ihnen ihr Vertrauen!), wie lange gibt es Ihr Unternehmen am Markt – aber immer nur, wenn eine positive Information daraus für den Kunden (-vorteil) erkennbar ist.

10. *Die Service-Aufbrösel-Strategie*

Der Service ist ein sehr wichtiger Bestandteil für Ihre Preisargumentation. Dass Ihr Haus guten Service bietet, ist für den Smart Shopper eine Selbstverständlichkeit. Deshalb ist es außerordentlich wichtig, Ihre Serviceleistungen aufzuschlüsseln, wenn Sie auf dieses Thema zu sprechen kommen. Reden Sie nicht einfach von ausgezeichnetem, hervorragendem oder Spitzenservice. Werden Sie konkret! Beziehen Sie Ihre Serviceleistungen direkt auf den Preis. Machen Sie so die Preisgestaltung für den Kunden transparent. Erklären Sie, was Service in Ihrem Unternehmen bedeutet.

Listen Sie, gemeinsam mit Ihren Teamkollegen, in der nächste Besprechung alle Serviceleistungen Ihres Unternehmens auf. Oft empfinden Verkäufer einzelne Dienstleistungen Ihres Unternehmens als so selbstverständlich, dass Sie diese im Verkaufsgespräch nicht ausdrücklich ansprechen. Der Kunde sucht aber Preisvertrauen. Deshalb sollten Sie ihm alle für ihn relevanten Leistungen ausführlich darlegen. So wird der Preis für den Smart Shopper transparent und glaubwürdig.

Orientieren Sie sich bei Ihrer nächsten Teambesprechung an folgender Serviceliste. Welche dieser Leistungen oder weitere bieten Sie Ihren Kunden an?

24h Service-Mobil · Erlebnis bei Fahrzeugübergabe · Verleih von Skiträger · Bistro/Erfrischungen · Direktannahme · Sonderleasing · Internet/E-Mail · Lange Öffnungszeiten · Probefahrt mit aktuellen Testwagen · Werksbesichtigung · „VIP"-Präsentation · Moderner Verkäufer-Arbeitsplatz · Gütesiegel · Hol-/Bringdienst

Service

Zudem kann sich ein Unternehmen auch mit bestimmten Service- und Zusatzleistungen beim Kunden profilieren. Das sind zum Beispiel im Autohaus:

> Werkstattersatzwagen
> Hol-/Bringdienst
> Fachberatung in Verkauf und Service
> kostenlose Gebrauchtwagenschätzung
> Fahr- und Sicherheitstrainings
> alle Versicherungsleistungen
> Sofort-Reifendienst
> Reifen-Einlagerung
> 24h-Mobilitäts-Service
> Finanzierungs- und Leasingangebote
> Mietwagen/Mobilitätssicherung
> Verleih von Ski-/Fahrradträgern
> Zulassungsdienst (Wunschkennzeichen)
> Schlüsselanhänger bei Auslieferung
> Werbegeschenke

- Dienst-/Jahreswagenverkauf
- Interimswagen (Überbrückung bei Leasingverträgen)
- TÜV/AU
- Sekt/Blumenstrauß zur Auslieferung
- Zubehörshop
- bequeme Parkplätze
- Klimaanlage im Verkaufsraum
- Politurservice, Fzg.-Make up
- Leihfahrräder bei Service
- GW-Fremdfabrikatsangebot
- Telefonmarketing
- Kinderspielecke
- aktuelles Prospektmaterial
- 24 h Abschleppdienst
- schriftliches Angebot
- gemütliche Kaffeetheke
- Telefonzentrale
- hochmoderne Testgeräte
- Meisterbetrieb
- Ausbildungsbetrieb
- Geburtstags-/Weihnachtskarten
- Großzügiger Ausstellungsraum
- professionelle Kunden-Betreuung
- Internetanschluss
- Mobilitätsgarantie
- Garantieversicherungen
- Kreditversicherungen bei Finanzierungen
- Anbindung einer Tankstelle
- Kundenzeitungen
- Kundenkarte
- ec-Automaten
- …

Die Kundenzielgruppe Frauen ist zusätzlich mit folgenden Aha-Leistungen zu beeindrucken:

> Bistroecke
> Anbindung an ein Café
> Ausstellung von Oldtimern
> Anbindung eines Restaurants
> Fahrräder

Kunden, die jünger als 30 Jahre alt sind, freuen sich außerdem besonders über Mobilfunk- und Kommunikationstechnik.

Wichtig ist jetzt, dass Sie die Kernbotschaften dieser zehn Strategien verinnerlichen. Für jeden Einwand Ihres Kunden sollten Sie eine oder sogar mehrere passende Strategien blitzschnell aus Ihrem Gedächtnis abrufen können. Formulierungsvorschläge zu den einzelnen Strategien erfahren Sie auf den folgenden Seiten. Diese Antwortbeispiele sollen Ihnen jedoch nur als Vorschläge dienen. Formulieren Sie die Antwort im Sinne der passenden Strategie am besten so, wie Sie am besten zu Ihrer Persönlichkeit passt. Denn trotz aller Professionalität sollten Sie immer Sie selbst bleiben und natürlich wirken. Nichts ist schlimmer und vertreibt einen Smart Shopper schneller als ein roboterhafter Verkäufer, der seine auswendig gelernten Antworten herunterleiert.

Und bitte vergessen Sie nie: Bleiben Sie immer freundlich und bringen Sie Ihrem Kunden zu jeder Zeit aufrichtige Wertschätzung entgegen!

Hier noch einmal die Inhalte der Strategien in Kurzbotschaften für Sie zusammengefasst:

1. Hinterfragen Sie zweifelhafte Aussagen des Kunden. (**Hinterfrage-Strategie**) Handelt es sich um einen Vorwand (Bluff) oder sachlichen Einwand Ihres Kunden?

2. Versuchen Sie, die Rabattforderungen Ihres Kunden umzupolen, und bieten Sie Ihm statt dessen „Naturalien" in Form von Zubehör oder sonstige Dienstleistungen. (**Naturalrabatt-Strategie**)

3. Fahren Sie in Ihrem Unternehmen eine klare Rabattlinie und sprechen Sie sie mit Ihrem Chef ab, damit er Ihnen im Falle des Falles den Rücken stärkt. (**Chef-Umkehr-Strategie**)

4. Versuchen Sie, den Kunden zu einer Gegenleistung zu bewegen, wenn Sie ihm einen Rabatt in einer bestimmte Höhe gewähren. (**Gegenleistungs-Strategie**)

5. Nennen Sie nie Prozentzahlen, sondern formulieren Sie Ihren Nachlass immer in absoluten Beträgen. (**Absolute-Beträge-Strategie**)

6. Bleiben Sie zäh bei den Preisverhandlungen. Geben Sie nicht auf. Bieten Sie dem Kunden seinen Feilschspaß. Ziehen Sie alle möglichen Register Ihres Strategienvorrats. (**Zähigkeits-Strategie**)

7. Verkaufen Sie dem Kunden den Rabatt, den Sie ihm gewähren mit der gebührenden Begeisterung. Machen Sie Ihre Zusagen vor dem Kunden nicht klein, sondern stehen Sie mit voller Überzeugung hinter Ihrem Angebot. (**Marginal-Kolossal-Strategie**)

8. Gehen Sie gelegentlich auch aufs Ganze, und pokern Sie hoch. Riskieren Sie es, den Kunden zu verlieren und halten Sie ihn erst im letzten Augenblick zurück, um den Trumpf auszuspielen, den Sie noch im Ärmel haben. (**Bluff-Strategie**)

9. Bieten Sie dem Smart Shopper Referenzen, und schaffen Sie so Vertrauen. Erzählen Sie von Ihren Stammkunden, die von der Qualität Ihres Unternehmens vollkommen überzeugt sind. (**Referenz-Strategie**)

10. Sprechen Sie nicht nur pauschal von gutem Service, sondern werden Sie konkret. Schlüsseln Sie die Serviceangebote bis ins Detail auf, um

damit Ihre Preise glaubwürdig zu machen. (**Service-Aufbrösel-Strategie**)

Diese zehn Strategien sind Ihr Zukunftkapital für die Schlacht um jeden Preis. Prägen Sie sich Ihre Botschaften genau ein, so dass Sie sie in der entsprechenden Verkaufssituation jederzeit abrufen können. Probieren Sie Ihr neues Wissen gleich morgen am Point of Sale in Ihren Verkaufsgesprächen aus. Auf den folgenden Seiten erfahren Sie jetzt an praktischen Beispielen wann und wie Sie diese zehn Strategien in Ihren Verkaufsgesprächen anwenden können. Ich habe einige typische Aussagen und Einwände von Smart Shoppern für Sie zusammengestellt. Anhand dieser Einwände zeige ich Ihnen wie Sie die zehn Strategien aufeinander aufbauen können und welche Antworten zu der jeweiligen Strategie passen.

Die 10 erfolgreichsten Strategien, Nachlässe einzudämmen

1. Hinterfrage-Strategie
2. Natural-Rabatt-Strategie
3. Chef-Umkehr-Strategie
4. Gegenleistungs-Strategie
5. Absolute-Beträge-Strategie
6. Zähigkeits-Strategie
7. Marginal-Kolossal-Strategie
8. Bluff-Strategie
9. Referenz-Strategie
10. Service-Aufbrösel-Strategie

Smarting® Preis-Stabilitäts-Training

3.4 | Finden Sie die richtigen Antworten in der Schlacht um jeden Preis

Im Folgenden werde ich Ihnen dreizehn typische Aussagen von Smart Shoppern vorstellen, die Sie sicher sehr gut aus Ihrer täglichen Verkaufspraxis kennen. Testen Sie sich selbst: Schreiben Sie zu jedem Einwand die Antwort auf, die Sie dem Kunden aus Ihrer Sicht und Verkaufserfahrung geben würden. Blättern Sie erst dann auf die nächste Seite, und lesen Sie die in der Praxis erprobten und nachweislich erfolgreichen Antwortvarianten, die mein Team, Alexander Verweyen und ich für Sie erarbeitet haben. Vergleichen Sie die Ergebnisse. Vielleicht haben Sie die eine oder andere Strategie bereits intuitiv angewandt. Auf den folgenden Seiten erhalten Sie solide und erfolgversprechende Tools an die Hand, mit denen Sie Ihr Können am Point of Sale perfektionieren und Ihren Erfolg steigern werden.

1 Smart Shopper: „Die Konkurrenz ist billiger!"

Wie würden Sie antworten?

Lassen Sie uns mal sehen was billiger ist und was Ihnen genau zusagt und gefällt. Ich bin sicher wir finden was tolles und einzigartiges für Sie

So reagiert der erfolgreiche Smart Seller:

Hinterfragen Sie diese Aussage sehr genau! Sie wollen erfahren, ob diese Aussage stimmt und wenn, unter welchen Bedingungen der Kunde Rabatt erhält *(Hinterfrage-Strategie)*.

> „Bei welchem Kollegen haben Sie sich informiert?" (Sprechen Sie nie über den Wettbewerb oder gar über die Konkurrenz, das erzeugt lediglich eine Bestätigung, dass Sie das Angebot ernst nehmen und es unterbieten wollen, sprechen nur über den oder die Kollegen (in Bereichen,

in denen es keine Konkurrenz gibt, Mediziner, Juristen, spricht am vom Kollegen). Es gibt für Sie keinen Wettbewerb, Ihre Leistungen als Verkäufer sind einzigartig.

Erste Antwortmöglichkeit des Kunden: „Möchte/Will ich Ihnen nicht sagen." Hinterfragen Sie in diesem Fall weiter, um festzustellen, ob es sich um einen tatsächlichen Einwand oder nur um einen Vorwand handelt, zum Beispiel so:

> „Hatten Sie dort Gelegenheit zur Probefahrt?"
> „Was ist für Sie noch wichtig?"
> „Wann haben Sie den Kollegen besucht?"
> „Hat man Ihnen dort alle Fragen beantwortet?"

Zweite Antwortmöglichkeit des Kunden: „Ich war im Autohaus XY." Jetzt ist Ihr Know-how über Ihren Wettbewerb entscheidend. Sie sollten diesen Branchenkollegen genau kennen, „Ach ja, XY ist ein geschätzter Kollege von uns." Fragen Sie weiter:

> „Was ist für Sie (Herr…) noch wichtig?"
> „Wie wichtig ist Ihnen die Betreuung nach dem Kauf?"
> „Danke für Ihr Vertrauen – welchen Wunsch haben Sie noch an mich?/uns?"
> „Warum haben Sie dort nicht gekauft?" (Diese Frage sollte zumindest in Ihrem Kopf formuliert sein!)

Ihr Kunde nennt Ihnen wahrscheinlich jetzt offen oder auch versteckt – zwischen den Zeilen – Gründe, die Ihnen wiederum die Möglichkeit geben, Ihren Wettbewerber aus dem Feld zu schlagen, zum Beispiel folgende: Lieferung ist zur Zeit nicht möglich, der Preis ist immer noch zu hoch, die Sympathie fehlt, die Atmosphäre ist schlecht, das Angebot wird doch nicht aufrecht erhalten, das Unternehmen ist zu weit entfernt, es handelt sich um einen Re-Import, usw.

> „Von wann ist das Angebot?" (Die meisten Kunden beginnen ca. ein halbes Jahr vor dem Kauf Ihres neuen Produktes mit dem Preisvergleich. Unter Umständen sind die Zahlen, die Ihnen Ihr Kunde nennt, bereits veraltet.)
> „Was ist bei einem guten Angebot noch kaufentscheidend/wichtig für Sie?"
> „Welche Wünsche haben Sie darüber hinaus?"

Verkäufer haben in vielen Kundengesprächen nur 1–2 Sekunden Zeit, um eine professionelle Argumentation aufzubauen. Die Antwort des Verkäufers, die dann auf die Schnelle kommt, bringt meist nicht den gewünschten Erfolg für das Verkaufsgespräch. Mit der *Hinterfrage-Strategie* schlagen Sie gleich „vier Fliegen mit einer Klappe":

1. Sie gewinnen Zeit, Zeit die Sie zum Nachdenken benötigen!
2. Sie zeigen dem Kunden durch Ihre Fragen, dass Sie Interesse an seinen Einwänden/Wünschen haben!
3. Sie erhalten weitere wichtige Informationen, um besser einschätzen zu können, ob es sich tatsächlich um einen Einwand oder nur um einen Vorwand handelt!
4. Sie übernehmen die Gesprächsführung/die Aktion!

Hauptziel ist herauszufinden, ob es sich bei der Aussage um einen tatsächlichen Einwand (Ratio) oder einen erfunden Vorwand, Bluff (Emotion) handelt. Die Kaufentscheidung ist nachweislich in den meisten Fällen emotional. Der Preis dient der rationalen Rechtfertigung der Kaufentscheidung. Gehen Sie also immer so vor, dass Sie zunächst einmal Klarheit gewinnen um welche Ebene es sich handelt. Der emotionale Einwand „… ist billiger!" bringt eine Menge Möglichkeiten beim Service, der Beratung oder Zusatzleistungen und Naturalrabatt. Der harte Smart Shopper wird auf den Preis bestehen. Hier hilft nur folgende Taktik: „O.K., ich verstehe Sie möchten zu einem ausgezeichneten Angebot kaufen. Sagen Sie mir bitte, wann möchten Sie mit dem neuen Wagen starten und wie wünschen Sie zu zahlen/welche Finanzierungsart stellen Sie sich vor?" Jetzt beginnen Sie mit Ihrer Preisverhandlung, setzen Sie wei-

tere Strategien aus unseren 10 Empfehlungen ein und machen Sie „Ihr"
bestes Angebot. Sollte der Kunde zu diesem Preis nicht kaufen, verabschieden Sie sich aus der Preisverhandlung mit den Worten „Ich hätte Sie
gerne als Kunde für unser Haus gewonnen. Wenn Sie Ihre Entscheidung
allerdings ausschließlich am Preis festmachen, und Ihnen so wichtige
Dinge wie Service etc. unwichtig sind, muss ich bedauerlicherweise passen. Ich bin mir sicher, Sie hätten sich als Kunde bei mir sehr wohlgefuhlt
(*Referenzstrategie* „wie viele andere Stammkunden")!" Sagen Sie Nein,
dieses Geschäft mache „ich" nicht. Zeigen Sie Rückgrat. Sollte der Kunde
bei seiner Einstellung bleiben, begleiten Sie ihn zum Ausgang und holen
sich noch ein Feedback über Ihre Beratung „Noch eine letzte Frage:
Haben Sie sich bei uns wohlgefühlt?" Wenn jetzt keine Zweifel in den
Augen zu erkennen sind – zurück an den Schreibtisch ... *(Zähigkeits-Strategie)*

Haben Sie die Telefonnummer des Kunden, rufen Sie ihn binnen 24!
Stunden an. „Sehr geehrter Herr …, ich habe gerade an unser Gespräch
gedacht, ich würde es sehr bedauern wenn wir nicht zusammen kommen." Häufig ergeben sich neue Ansatzpunkte. Auf jedem Fall zeigen Sie
dem Kunden, dass er Ihnen WICHTIG ist.

2 Smart Shopper: „Sagen Sie mir gleich Ihren besten Preis, ich will nicht feilschen!"

Wie würden Sie antworten?

_____

_____

_____

So reagiert der erfolgreiche Smart Seller:

Lassen Sie sich durch diesen „toughen" Smart-Seller-Spruch nicht in die
Enge treiben. Wenn diese Aussage bereits zu Beginn des Verkaufsgespräches auftaucht und Sie noch kein Vertrauen aufbauen konnten, sollten Sie

nicht sofort ins Preisgespräch einsteigen. Begegnen Sie dem Smart Shopper, der gleich mit der Tür ins Haus fällt, mit folgenden Aussagen:

> „Das ist sicher ein besonders wichtiger Punkt. Mal abgesehen davon, was ist aus Ihrer Sicht noch wichtig für Sie?“ *(Hinterfrage-Strategie)* oder
> „Angenommen, wir einigen uns in diesem Punkt, was ist für Sie noch wichtig?“ *(Hinterfrage-Strategie)*
> „Ich möchte Ihnen gerne unser Komplettangebot präsentieren und dazu gehört unser ausgezeichneter Service wie zum Beispiel…!“ *(Service-Aufbrösel-Strategie)*

Bleibt der Kunde hartnäckig, beharrt er auf der Preisfrage und geht auf Ihre Verzögerungstaktik nicht ein, können Sie folgendermaßen reagieren:

> „Ihre Frage beantworte ich Ihnen sehr gerne. Kommen Sie doch bitte mit in mein Büro (einem anderen/ungestörten Platz). Das, was wir besprechen wollen, geht niemand anderen etwas an.“

Damit erreichen Sie zum einen, dass Sie diesen Kunden aus der Öffentlichkeit, sprich aus dem Verkaufsraum herauslotsen. Er kann Sie so vor anderen Kunden mit seiner Taktlosigkeit in Bezug auf den Preis nicht in Verlegenheit bringen. Zum anderen gewinnen Sie wieder Zeit, um auf dem Weg zu Ihrem Schreibtisch oder Büro Beziehungsaufbau zu betreiben und Vertrauen zu gewinnen. Dort können Sie Ihm dann zusätzlich eine Erfrischung anbieten. So haben Sie bereits einen Teil des Eises gebrochen, und Sie kommen leichter mit dem Kunden ins Gespräch, weg von der reinen Preisfrage. Außerdem vermitteln Sie dem Smart Shopper die besonders wichtige Wertschätzung, wenn Sie ihm anbieten, die Preisfrage ganz privat mit Ihm zu diskutieren. Er bekommt das Gefühl, dass Sie ganz persönlich für Ihn außergewöhnliche Konditionen anbieten wollen.

Bleibt der Kunde auch dann noch hartnäckig, haben Sie nur noch die Möglichkeit, nach Wirtschaftlichkeit zu entscheiden: Wollen Sie auf die hohen Rabattforderungen des Kunden eingehen? Unter Umständen möchten Sie ja ein bestimmtes „betriebstreues" Fahrzeug verkaufen und können Ihm dies zu einem besonders günstigen Preis anbieten. In diesem Ausnahmefall können Sie einen außergewöhnlichen Rabatt *(absolute Beträge)* rechtfertigen. Ansonsten sollten Sie es riskieren, diesen Kunden zu verlieren. Denn wenn Sie sich regelmäßig zu höchsten Rabattzusagen überreden lassen, setzen Sie den Ruf Ihres Unternehmens aufs Spiel und locken weitere professionelle Smart Shopper an. Zum Glück gibt es bisher nur sehr wenige Kunden, die 100 % smart sind, Sie gleich beim Betreten des Verkaufsraums mit der Preisfrage konfrontieren und sich auf überhaupt keine Verhandlungen einlassen.

Stellt der Kunde die Preisfrage dagegen zu einem Zeitpunkt, an dem Sie bereits ausreichend Vertrauen und Beziehung aufgebaut haben, können Sie langsam in die Preisdiskussion einsteigen. Vergessen Sie dabei die beiden zentralen Vorab-Fragen nicht: „Wann möchten Sie starten?" und „Wie wünschen Sie zu bezahlen?"

Reagieren Sie dann auf diese Aussage des Smart Shoppers zuerst einmal mit der *Hinterfrage-Strategie:*

> „Ich sehe, Sie haben sich bereits umfassend informiert und wissen, wie wichtig für diese Entscheidung ein ausgezeichneter Service ist?"
> „Wie sieht es mit Service aus, wie wichtig ist der für Sie?"

Je nachdem, welche Antworten Ihnen der Kunde gibt, hinterfragen Sie weiter oder schließen eine oder mehrere der anderen neun Smart-Strategien an.

3 Smart Shopper: „Rufen Sie mir Ihren Chef/Verkaufsleiter"

Wie würden Sie dieser Aussage begegnen?

_____

_____

_____

So reagiert der erfolgreiche Smart Seller:

Wenden Sie die Chef-Umkehr-Strategie an, und antworten Sie so oder ähnlich:

> „Ich versichere Ihnen, ich habe die volle Kompetenz." (Rational)
> „Sie können mir vertrauen, ich habe die volle Kompetenz." (Emotional)
> „Ich möchte Ihnen versichern, da sind Sie aber bei mir richtig!" (mit Humor!)
> „Entschuldigen Sie, waren Sie mit meiner Beratung nicht zufrieden?"
> „Mein Chef ist zur Zeit über die Preisdiskussionen so verärgert, der macht zur Zeit keine Sonderpreise, aber wir können …!"

Zeigen Sie Ihre volle Preiskompetenz, und beeindrucken Sie so den Kunden. Beharrt er auf ein Gespräch mit Ihrem Vorgesetzten, bleiben Sie gelassen und freundlich und holen ihn. Wie vorher im Team abgesprochen, wird Ihr Chef eine strengere Rabatthaltung einnehmen als Sie und Ihnen vor dem Kunden noch einmal Ihre Preiskompetenz bestätigen. Damit unterstreichen Sie die Preislinie Ihres Unternehmens und bestätigen Ihre Glaubwürdigkeit als Verkäufer.

Wichtig: Sichern Sie sich immer das Vertrauen des Kunden. Im Sinne „Mein Verkäufer hat das Äußerste für mich beim Chef herausgeholt – auf ihn kann ich mich verlassen" muss der Kunde sein Vertrauen in Sie in Anwesenheit des Chefs sogar bestätigt finden. Deshalb sollte vor dem Kunden – im gemeinsamen Gespräch mit dem Chef – immer der

Eindruck entstehen, dass Sie als Verkäufer mit Ihrem Chef im Sinne des Kunden verhandeln. Lässt Ihr Chef also noch ein paar Rabattpunkte nach, nennen in jedem Fall Sie den Preis. Bestätigen Sie Ihre Preiskompetenz, indem in letzter Konsequenz Sie den absoluten Preis verhandeln. Im anderen Fall, wenn Ihr Chef jetzt das Verkaufsgespräch weiter führt und den maximalen Preis oder Nachlass nennt, wird dieser Kunde – und seine Freunde und Kollegen – in allen Fragen nach dem Chef rufen!

4 Smart Shopper: „Mein Freund hat hier 10 % bekommen!"

Wie würden Sie reagieren?

_____

_____

_____

So antwortet der erfolgreiche Smart Seller:

> „Bei wem darf ich mich für die Empfehlung bedanken?"
> „Danke für diese Information, das werde ich bei der Kalkulation für Sie berücksichtigen. In Ihrem konkreten Fall erhalten Sie das Produkt, inklusive folgender Serviceleistungen wie … *(Service-Aufbrösel-Strategie)* für XY *(Absolute-Beträge-Strategie)*."
> „Wir sind immer bemüht, unseren langjährigen Stammkunden ein faires Angebot zu unterbreiten."
> „Sind Sie auch schon Kunde bei uns?"

Ist der Kunde mit Ihrem Angebot nicht einverstanden und beharrt er darauf, dass sein Freund bessere Konditionen erhalten hat, bietet sich für Sie wieder die *Hinterfrage-Strategie* an:

> „Darf ich Sie doch mal nach dem Namen fragen?"
> „Seit wann ist Ihr Freund Kunde unseres Hauses?"

> „Bei welchem Mitarbeiter unseres Unternehmens hat Ihr Freund gekauft?"
> „Was hat er wann gekauft?"
> „Was hat er neben unserer Preiswürdigkeit noch gelobt?"

Stellt sich heraus, dass der Kunde geblufft hat, lassen Sie sich nicht anmerken, dass Sie ihn bei einer Lüge ertappt haben. Bleiben Sie freundlich, und steigen Sie weiter in die Preisdiskussion ein:

> „Haben Sie Verständnis, pauschale Rabatte geben wir nicht, jedoch in Ihrem Fall…" Schließen Sie jetzt die *Natural-Rabatt-Strategie* oder *Gegenleistungs-Strategie* an!

5 Smart Shopper: „Ich will nur 15.000 € ausgeben!" (Angebot 17.800 €)

Wie würden Sie in die Preisdiskussion einsteigen?

_____

_____

_____

So kontert der erfolgreiche Smart Seller:

Haben Sie die gewünschte Zahlungsart des Kunden noch nicht vorab geklärt? Dann sollten Sie ihn spätestens jetzt dazu befragen. Will (emotional) oder kann (rational) der Kunde nicht mehr zahlen? Wenn Sie diese Punkte geklärt und im Kopf blitzschnell alle Zahlen parat haben, können Sie weiterverhandeln.

Kombinieren Sie nun die *Marginal-Kolossal-Strategie* mit der *Absolute-Beträge-Strategie:*

> „Kompliment, Sie haben sich auch eine sehr schöne Ausstattung ausgewählt!" Der Kunde wird mit zwei Alternativen Antworten:

a) „mehr kann ich aber nicht ausgeben" (sachlicher Einwand)

Dann bieten Sie an:

> „Da kann ich Ihnen ein ganz besonderes Schnäppchen anbieten!" *(Marginal-Kolossal-Strategie)* (Kann nicht) Sichern Sie zumindest diesen Umsatz.

b) „mehr will ich nicht bezahlen/bekomme ich woanders billiger" (emotionaler Vorwand)

> „Zu diesem Preis kann ich Ihnen eine Alternative anbieten, die sich von Ihren Wünschen wie folgt unterscheidet!" (Will nicht).
> Bei einem Nein des Kunden bestätigen Sie, dass seine erste Wahl auch eine besonders Gute war und kommen Sie zum ersten Angebot zurück und verhandeln weiter.
> „Ich merke, Sie möchten nicht lange verhandeln. Mein bester Preis für Sie lautet…" Nennen Sie einen absoluten Betrag *(Absolute-Beträge-Strategie)*

Ist der Kunde mit dem Preis noch nicht ganz zufrieden? Schließen Sie die *Gegenleistungs-Strategie* an:

> „Worauf möchten/können Sie verzichten?" (hart)
> „Wo können wir das Angebot optimieren?" (soft)

Will er keine Gegenleistung bringen, versuchen Sie es mit der *Natural-Rabatt-Strategie*:

> „Wir besorgen Ihnen für dieses besondere Produkt auch noch…!"
> „Ich werde Ihnen das Produkt nach Hause liefern!"
> „In diesem Ausnahmefall übernehme ich die Entsorgung der alten…!"

Versuchen Sie, während Ihrer Verhandlung mit dem Kunden auf alle Fälle herauszufinden, ob er tatsächlich nicht mehr ausgeben kann oder lediglich nicht mehr bezahlen will.

Sollte der vom Kunden angegebene Betrag tatsächlich seine Schmerz-grenze sein, bieten Sie ihm eine maximal vergleichbare Alternative an, zum Beispiel: Finanzierung, Leasing, Tageszulassung, Dienst- oder Vor-führwagen, Schnäppchenangebot, etc.

Haben Sie dagegen den Eindruck, dass der Kunde nur mit Ihnen handeln will, aber durchaus auch einen höheren Betrag zahlen kann, dann gewäh-ren Sie ihm sein Feilscherlebnis. Ziehen Sie alle Register Ihres Strategien-Schranks.

6 Smart Shopper: „Ich kaufe immer da, wo ich den besten Nachlass bekomme!"

Welche Strategie wenden Sie an?

_____

_____

_____

Diese Strategien fährt der erfolgreiche Smart Seller:

Steigen Sie mit der *Referenz-Strategie* ein, und stellen Sie den Service Ihres Autohauses zusätzlich mit Hilfe der *Service-Aufbrösel-Strategie* heraus.

> „Herzlich Willkommen! – wenn Sie unser Gesamtangebot vergleichen, werden Sie sehen…"
> „Das bestätigen mir meine Stammkunden auch. Diese nennen neben dem Preis in der Gesamtbetrachtung weitere wichtige Dinge wie…!" *(Referenz-Strategie)*
> „Unsere Preiswürdigkeit bestätigen nicht zuletzt x-hundert/-tausend zufriedene Stammkunden." *(Referenz-Strategie)*
> „Und kennen Sie bereits unsere einzigartigen Service-Angebote? Bei uns erwartet Sie… und außerdem erhalten Sie…" *(Service-Aufbrösel-Strategie)*

Nennen Sie Ihrem Kunden Ihre Serviceleistungen in allen Einzelheiten. Machen Sie Ihm so den fairen Preis Ihres Angebotes ausreichend transparent.

Ist der Kunde mit Ihrem anschließenden Preisangebot nicht einverstanden, beginnen Sie seine Aussage zu hinterfragen, um Zeit zu gewinnen und weitere wirksame Strategien aus der Schublade zu ziehen.

> „Wo haben Sie sich bereits informiert/können wir die Angebote gemeinsam vergleichen?" *(Hinterfrage-Strategie)*

7 Smart Shopper: „Ich werde auch in Ihren Service kommen"... (wenn Sie mir einen besonders guten Preis machen)

Wie würden Sie antworten?

_____

_____

_____

Das erwidert der erfolgreiche Smart Seller:

Begegnen Sie dem Kunden mit der *Service-Aufbrösel-Strategie!* Beweisen Sie Ihm, dass es für Sie nichts Besonderes ist, wenn der Kunde zu Ihnen in den Service kommt. Denn Sie haben bekanntermaßen einen hervorragenden Service!

> „Da möchte ich Ihnen gleich Ihren zukünftigen Ansprechpartner/ Meister vorstellen." Zeigen Sie sofort Ihre Servicebereitschaft.
> „Das wird selten genug sein!" (Die Qualität unserer Produkte ist hervorragend.)
> „Auch wenn wir uns nicht einigen, sind Sie in unserem Service herzlich willkommen!"

> „Als unser Kunde genießen Sie dann auch einen ganz besonderen Service! Unsere Werkstatt garantiert Ihnen bei jeder Inspektion…
> Sie erhalten bei Reparaturen einen kostenlosen Leihwagen im Wert von ca. XY Euro!
> Sie können dort jederzeit…“ usw. *(Service-Aufbrösel-Strategie)*

8 Smart Shopper: „Ich bin selbst Geschäftsmann!" (und weiß, wie viel an Nachlass drin ist…)

Was würden Sie dem Kunden entgegnen?

_____

_____

_____

Das lässt sich der erfolgreiche Smart Seller einfallen:

Wenden Sie die *Referenz-Strategie* an. Der Kunde erwartet offensichtlich eine besondere Wertschätzung. Bringen Sie sie Ihm entgegen:

> „Wir haben sehr viele Geschäftsleute als Kunden! Kennen Sie zufällig Herrn XY. Er führt das Bekleidungshaus YZ am Ort. Seit Jahren schon ist er unser Kunde. Er schätzt an unserem Unternehmen außerordentlich, dass…“ *(Referenz-Strategie)*
> „Da freut es mich besonders, dass Sie unser Haus gewählt haben!" Zeigen Sie dem Kunden Wertschätzung.
> „Sie als besonders kritischer Kunde…“
> „Wie gehen Sie als Geschäftsmann mit dem Thema Nachlässe um?“

In den meisten Fällen sind Kunden, die diese Aussage machen am Ende der Preis nicht so wichtig, wenn Sie ihre Erwartung erfüllen und sie außerordentlich zuvorkommend behandeln. Solche Kunden wollen privilegiert behandelt werden.

9 Smart Shopper: „Ich zahle bar – was tun Sie da für mich?"

Wie würden Sie antworten?

_____

_____

_____

Das erwidert der erfolgreiche Smart Seller:

Wenden Sie die *Marginal-Kolossal-Strategie* an. Verkaufen Sie Ihren Preis als etwas Außergewöhnliches und mit großer Selbstverständlichkeit.

> „(Kompliment) Das können heute nur noch wenige Kunden! – Die meisten finanzieren oder leasen ihr neues Fahrzeug – wäre das eine Alternative für Sie?"
> „Welchen Vorteil sehen Sie darin? Viele Kunden vertrauen auf unsere maßgeschneiderten Finanzierungs- und Leasingangebote."
> „Da mache ich etwas ganz Besonderes für Sie!"
> „Wenn das Bargeld lacht, werden Verkäufer schwach!"
> „Da biete ich Ihnen etwas ganz Außergewöhnliches…"
> „Wir haben Barpreise!" (Hart)
> „Davon gehen wir aus!" (Hart)
> „Sie kennen die Vorteile einer Finanzierung oder die herausragenden Leistungen unserer Leasing-Gesellschaft?!"
> „Sehr viele Kunden entscheiden sich zur Zeit für unsere attraktive Sonderfinanzierung."
> „Das zeichnet Sie aus! In vielen Fällen greifen Kunden auf unsere außergewöhnlich günstigen Leasing-/und Finanzierungsangebote zurück! Darf ich Ihnen ein Vergleichsangebot kalkulieren?"

Diese Frage umgehen Sie spielerisch indem Sie im Vorfeld die Zahlungsbedingungen absprechen!

10 Smart Shopper: „Ich schicke Ihnen weitere Kunden!"

Wie würden Sie antworten?

_____

_____

_____

So reagiert der erfolgreiche Smart Seller:

Diese Aussage ist in den meisten Fällen ein Bluff des Kunden, um einen höheren Nachlass herauszuschlagen. Gehen Sie nicht darauf ein, es sei denn, der Kunde bringt die Gegenleistung vorab. Das aber ist äußert unwahrscheinlich.

> „Wenn Sie zufrieden mit mir sind, freut mich das sehr!"
> „Sehr schön, wenn Ihre Empfehlungen da waren, werde ich mir beim nächsten Mal etwas ganz Besonderes für Sie einfallen lassen!" (Lustig)
> „Können Sie mir bereits die Namen und Adressen geben? Dann kann ich Kontakt mit ihnen aufnehmen und im Vorfeld Prospekte versenden." *(Gegenleistungs-Strategie)*
> „Vielen Dank für Ihr Vertrauen – lassen Sie uns aber zunächst Ihr Angebot kalkulieren!"

11 Smart Shopper: „Was ist denn – im Vertrauen – so üblich?"

Was würden Sie entgegnen?

_____

_____

_____

Das erwidert der erfolgreiche Smart Seller:

Wenn der Kunde das Wort Vertrauen in den Mund nimmt, sollten Sie auf-
horchen. Denn häufig sind Vertrauen und Sicherheit sehr starke Kaufmotive. Wenn Sie Ihrem Gegenüber diese gefühlsmäßige Basis vermitteln
können, wird er nicht mehr so knallhart auf den höchsten Nachlass po-
chen. Wenden Sie hier – neben weiteren vertrauensbildenden Aussagen – die *Marginal-Kolossal-Strategie* an. Das heißt, Sie selbst strahlen so
eine große Sicherheit, was den Preis anbelangt, aus, dass diese sich auf den
Kunden überträgt. Nennen Sie – im Sinne der *Absolute-Beträge-Strategie* – nur einen absoluten Betrag. Schließen Sie dann die *Service-Aufbrösel-Strategie* an. Legen Sie also noch eins drauf, und erklären Sie Ihrem
Gegenüber genau, wie sich der Preis zusammensetzt und warum er ge-
rechtfertigt ist.

> „Sie möchten doch sicher etwas ganz Besonderes?! Ich kann Ihnen
> ein Angebot machen, das wie maßgeschneidert auf Ihre Wünsche
> passt…!“ (*Marginal-Kolossal-Strategie* bei hartem Smart Shopper)
> „Danke für Ihr Vertrauen, Sie bekommen Ihr Wunschfahrzeug mit
> Ihrer Sonderausstattung, Metallic und Klimaautomatik für 20.000 €,
> incl. folgender Serviceleistungen…!“ (*Absolute-Beträge-Strategie* bei
> softem Smart Shopper)
> „Danke für Ihr Vertrauen, deshalb werde ich Ihnen auch einen außer-
> gewöhnlichen…!
> „Wir garantieren Ihnen außerdem gute Beratung und perfekten Ser-
> vice, zum Beispiel…“ (*Service-Aufbrösel-Strategie*)

12 Smart Shopper: „Da habe ich schon bessere Preise gehört!“

Wie würden Sie antworten?

So reagiert der erfolgreiche Smart Seller:

Entspricht diese Aussage der Wahrheit? Oder blufft der Kunde nur? Gehen Sie diese Aussage vorab mit der Hinterfrage-Strategie an. Wenn sich im Laufe des Hinterfragens keine andere Richtung ergibt und der Kunde auch Ihren Naturalrabatt- und Gegenleistungs-Angeboten widersteht, können auch Sie Ihm mit der *Bluff-Strategie* begegnen. Zuerst jedoch fragen Sie nach:

> „Bei welchem Kollegen und wann?" (siehe die Konkurrenz ist billiger, Seite 152)
> „Bei welchem Hersteller, auf welches Fahrzeug?" (gleiches Modell?)
> „Durch pauschale Preis-Aussagen wurden schon viele Kunden enttäuscht, bei uns erhalten Sie ein faires Preis-/Leistungsverhältnis!"
> „Ich versichere Ihnen, das ist das beste Angebot!" *(Bluff-Strategie)*
> „Ich würde sehr gerne mit Ihnen ins Geschäft kommen und unsere Preiskalkulation ist im Sinne unserer Kunden sehr knapp gehalten – aber ich versichere Ihnen, ich habe das Maximale für Sie getan." *(Bluff-Strategie)*

Bleiben Sie hart. Lassen Sie den Kunden sogar gehen, wenn dieser nicht einlenkt. Holen Sie ihn dann in letzter Sekunde vor dem Ausgang oder sogar noch auf dem Parkplatz ein:

> „Halt, ich habe doch noch eine Idee! Es wäre wirklich schade, wenn wir nicht ins Geschäft kommen könnten. Was halten Sie von folgendem Vorschlag?..."
> „Einen Augenblick, vielleicht gibt es doch noch eine gemeinsame Lösung für uns. Was halten Sie von folgendem Vorschlag...?"

Spielen Sie jetzt Ihren letzten entscheiden Trumpf aus, den Sie sich natürlich schon vorher genau überlegt haben. Nur der hartgesottenste Smart Shopper ist jetzt nicht „weichgekocht" und verweigert auch diesen Vorschlag.

13 Smart Shopper: „Im Internet ist das Auto billiger"

Wie antworten Sie auf eine solche Aussage?

_____

_____

_____

So handelt der erfolgreiche Smart Seller:

Ein grundsätzlicher Vorteil der Internetanbieter – gehen wir zunächst vom Listenpreis aus – sie sind billiger! Natürlich hat sich gerade hier in den vergangenen Jahren ein extremer Wandel vollzogen – evtl. bietet Ihr Unternehmen ebenfalls „interessante Schnäppchen" via Internet an – und es zeigt sich, dass die Fahrzeuge häufig dem aktuellen Stand entsprechen. Ausstattung, Motorisierung, etc. von Reimporten können aber noch immer von den deutschen Standards abweichen. Das löst bei manchen Kaufinteressenten Misstrauen und Unsicherheit aus. Hier können Sie ihn packen.

> „Jetzt kennen Sie einen entscheidenden Vorteil – kennen Sie auch die Nachteile?"

Antwort a) „Ja kenne ich!"

> „Wie gehen Sie mit den Zahlungsmodalitäten um – Sie haben schon einmal über das Internet gekauft? – zu welchem Wert – heute reden wir über zig-tausend Euro!"
> „Haben Sie das Fahrzeug schon im Original besichtigen/fahren können?"
> „Kennen Sie den ausliefernden Händler (den Menschen) persönlich?"
> „Wie ist die Zahlungsweise geregelt – da hört man doch immer…!"
> „Warum haben Sie noch nicht bestellt?" (Hart)

Antwort b) „Nein – was gibt es denn da zu beachten?"

> „Möchten Sie, dass ich Sie informiere?"

> „Ein guter Kunde von mir hat mir Folgendes berichtet!"
> „Was wissen Sie bereits über den Anbieter?"

Gehen Sie jetzt in die vollen, bleiben Sie zäh, und wenden Sie eine Strategie nach der anderen an: Bieten Sie *Naturalrabatt*, versuchen Sie es mit der *Gegenleistungs-Strategie*, verkaufen Sie den Preis *marginal-kolossal*. Wenden Sie – wenn nötig – die *Bluff-Strategie* an, nennen Sie nur absolute *Beträge*, erzählen Sie von *Referenzkunden*, *bröseln Sie den Service auf*, und wagen Sie den letzten *Bluff*. Der Kunde, der all diesen Strategien widersteht, ist wirklich der ausgefuchsteste Smart Shopper, den es gibt. Davon gibt es so wenige, dass Sie diese Kunden auch gehen lassen können, falls Sie sie jemals antreffen.

Bedauern Sie auch in diesem Fall, dass das Geschäft nicht zustande kam: „Ich hätte Sie sehr gerne als Kunden für unser Haus gewonnen. Weil Sie sich aber so sehr auf den Preis reduzieren, muss ich passen – was ich sehr bedauere. In allen Serviceangelegenheiten sind wir in Zukunft selbstverständlich gerne für Sie da. Und wenn Ihr Alternativ-Angebot doch nicht ganz hält, was es verspricht, sollten wir noch ein weiteres Gespräch miteinander führen. Ich halte mein Angebot in jedem Fall für sie aufrecht und freue mich, Sie noch einmal zu sehen!"

Um Ihren Kunden von morgen das bieten zu können, was sie erwarten – spannende Feilscherlebnisse mit einem professionellen Verkäufer – gilt es also umzudenken. Es gilt, sich diese praktischen Strategien im Umgang mit dem Smart Shopper anzueignen. Ohne viel zu überlegen, sollten Sie immer die passende Strategie auf den jeweiligen Einwand des Kunden parat haben und dann die weiteren Strategien darauf aufbauen können. Mit etwas Übung haben Sie die zehn Smarting®-Strategien schnell im Griff. Ihr daraus resultierender Verkaufserfolg wird Sie selbst überraschen. Das bestätigen uns die Teilnehmer unserer Trainings täglich wieder. Nach einem Intensivtraining in einem unserer „Smarting® Preis-Stabilitäts-Trainings", die speziell ausgebildete Trainer der VERWEYEN CONSULTING GmbH auch firmenindividuell und exklusiv auf die jeweiligen Bedürfnisse und Verkaufssituationen Ihres Unternehmens abstimmen, werden garantiert anschließend deutlich bessere Geschäfte gemacht. Der Erfolg ist in Zahlen messbar. Die deutlich höhere Motivation der Verkäufer kann sich sehen lassen. Packen Sie es heute noch an. Erweitern Sie sofort Ihr persönliches Kompetenzfeld in der Preisfrage. Verinnerlichen Sie die zehn Smarting-Strategien. Wenden Sie sie ab morgen in der Praxis an!

Gerne sehen wir auch Sie in einem unserer „Smarting® Preis-Stabilitäts-Trainings"! Werden Sie der Smart Seller der Zukunft, und gewinnen Sie die Schlacht um jeden Preis mit Ihren Kunden täglich neu.

Ich wünsche Ihnen viel Spaß & viel Erfolg im Umgang mit den Smart Shoppern und denken Sie immer daran – besser werden kommt von besser werden **wollen**!

Ihr

Gregor Eckert

Weiterführende Literatur

Altmann, Hans Christian: Kunden kaufen nur von Siegern. Landsberg: Moderne Industrie, 1998.

Crom, J. Oliver & Michael: Das Dale Carnegie Verkaufstraining, Bern, Scherzverlag, 2003.

Fisher, Roger u. a.: Das Harvard Konzept. Sachgerecht verhandeln – Erfolgreich verhandeln, Frankfurt: Campus, 1993.

Freemantle, David: Was Kunden mögen. Wettbewerbsvorteile durch emotionale Qualität. München: Econ, 1998.

Frey, Siegfried: Die Macht des Bildes. Der Einfluss der nonverbalen Kommunikation auf Kultur und Politik. Göttingen: Verlag Hans Huber, 1999.

Golemann, Daniel: EQ. Emotionale Intelligenz. München: Hanser, 1996.

Golemann, Daniel: EQ 2. Emotionale Intelligenz. München: Hanser, 1999.

Gordan, Josh: Umsatz mit schwierigen Kunden. Frankfurt: Redline Wirtschaft bei Verlag Moderne Industrie, 2004.

Köhler, Hans-Uwe L.: Verkaufen ist wie Liebe. Nutzen Sie Ihre Emotionale Intelligenz. Düsseldorf: Metropolitan, 1999.

Molcho, Samy: Körpersprache. München: Mosaik, 1994.

Nagiller, Brigitte: Knigge, Kleidung und Karriere – Sicher auftreten mit Stil und Etikette. Frankfurt/Wien: Redline Wirtschaft bei Ueberreuter, 2001.

Opaschowski, Horst W.: Deutschland 2010. Wie wir morgen leben – Voraussagen der Wissenschaft zur Zukunft unserer Gesellschaft. Hamburg: BAT, 1997.

Schiffer, Penny & Von Der Linde, Boris: Mit Soft Skills mehr erreichen. München: Redline Wirtschaft bei Verlag Moderne Industrie, 2002.

Schmaldienst, Peter H.: Die Logik des Erfolgs – Was machen die Erfolgreichen anders. Hamburg: Hoffmann und Campe Verlag, 2003.

Sprenger, K. Reinhard: Das Prinzip Selbstverantwortung. Wege zur Motivation. Frankfurt: Campus, 1994.

Tracey, Brian: Die ewigen Gesetze des Erfolgs – 100 goldene Regeln für Beruf und Leben. Landsberg: Moderne Industrie, 2000.

Tracey, Brian: Ziele – Setzen, Verfolgen, Erreichen. Frankfurt: Campus Verlag GmbH, 2004.

Thiele, Albert: Argumentieren unter Stress – Wie man unfaire Angriffe erfolgreich abwehrt. Frankfurt: F.A.Z., 2004.

Verweyen, Alexander: Der Verkäufer der Zukunft. Vom Drücker zum Beziehungsmanager und Teamplayer. Wiesbaden: Gabler, 1997.

Verweyen, Alexander: Erfolgreich akquirieren. Instrumente und Methoden der direkten Kundenansprache. Wiesbaden: Gabler, 1997.

Verweyen, Alexander: Keine Angst vor dem Smart Shopper. Was Verkäufer über feilschende Kunden wissen müssen. Frankfurt: Campus, 1998.

Verweyen, Alexander & Eckert, Gregor: Aktiv verkaufen im Premium-Segment. Wiesbaden: Gabler 2004.